PRÉCEPTES DE VIE
DE L'ABBÉ PIERRE

« Espaces libres »

ALBINE NOVARINO
avec la collaboration de Marie-Colette Durix

PRÉCEPTES DE VIE DE L'ABBÉ PIERRE

Albin Michel

Albin Michel
▪ *Spiritualités* ▪
Collection « Espaces libres »
dirigée par Jean Mouttapa et Marc de Smedt

En hommage à l'Abbé Pierre,
et pour servir son souvenir.

À la mémoire du père Eugène
qui fonda la communauté Emmaüs de
La Motte-Servolex-Chambéry,
ainsi qu'à celle de deux de ses présidents :
Renaud Novarino et Clément Perrin.

Avant-propos

Par quelle succession de hasards, de rencontres, qui font que chaque existence est unique, Henri Grouès est-il devenu l'Abbé Pierre ? Sa vie aura été, en tout cas, de celles qui sont des lumières dans la nuit.

En puisant dans son œuvre, écrite et orale, en relisant et en méditant ses écrits, on trouve des réponses aux questions que nous pose notre admiration souvent étonnée.

Le premier chapitre de cet ouvrage rassemble des confidences et éclaire un cheminement marqué depuis l'enfance par de bienheureuses influences, mais aussi par des doutes. Par la suite, ces préceptes sont autant de leçons de sagesse permettant au lecteur de s'engager sur la voie d'une vie meilleure, d'une existence non pas égoïste et repliée sur elle-même mais ouverte à tous, sans préjugés ni a priori.

La naturelle modestie de l'Abbé Pierre comme sa capacité d'analyse le poussaient à s'insurger chaque fois qu'on lui disait qu'il représentait un modèle pour des générations entières. N'en déplaise à son humilité, ses enseignements constituent désormais notre héritage commun.

Son œuvre comme son exemple nous aident à enrichir notre vie. Dénoncer les dysfonctionnements de toutes sortes fut un devoir auquel l'Abbé Pierre ne dérogea jamais, nous exhortant à suivre son exemple.

Les médias ont toujours insisté sur le message social de l'Abbé Pierre, inscrit au cœur de l'action urgente : nul n'ignore son combat en faveur des mal-logés ou des sans-abri, aussi intense qu'efficace. Mais, au-delà de ses engagements reconnus en France et dans le monde, il existe bel et bien un autre message plus discret.

Pour être resté plus confidentiel, celui-ci n'en est pas moins précieux. Il se révèle intemporel et universel. Il s'attache à notre vie privée, à notre individualité, mais surtout à notre devenir. Il nous engage à privilégier la réflexion, à lire, à méditer, autant de pratiques fondamentales que le rythme de nos sociétés modernes relègue trop souvent au second plan de nos vies.

Il nous incite à accorder une vraie place à la vie spirituelle qui toujours élève l'homme. Seule la sérénité qu'elle nous apporte permet de comprendre les hommes et le monde. Et, pour ceux qui ont reçu la grâce divine, croire, adorer, prier deviennent des pratiques éminemment constructives.

Le message de l'Abbé Pierre ne se réduit en aucun cas à un message « de chapelle ». Parce qu'il s'inscrit dans un humanisme moderne, l'enseignement de cet homme s'adresse à tous. Il est destiné à ceux qui doutent, à la manière de saint Thomas, à ceux qui font le choix du pari pascalien.

Il importe ainsi de lire et de relire ces phrases et ces pensées, teintées d'humour ou de révolte, mais surtout d'une espérance et d'une sérénité qui nous aident à être meilleurs et plus heureux.

I

Devenir ce que l'on est

« Une âme ! Qui a jamais pu sonder une âme ? »

Certains purs esprits, au terme d'heures d'études et de méditations dans le silence feutré de leur cabinet, publient des leçons de vie sous forme d'aphorismes ; ils livrent à leurs lecteurs conseils et avis. Pour bénéfiques et pertinents que soient ces adages, ils demeurent souvent alourdis d'une certaine abstraction. Il en va tout autrement de l'œuvre de l'Abbé Pierre.

C'est à l'école de la vie, en s'investissant dans le réel et dans ce que celui-ci peut avoir de plus prosaïque, que l'Abbé Pierre a puisé l'inspiration de ses écrits.

Le terme d'inspiration, avec ce qu'il peut comporter de nébuleusement romantique, convient, en l'occurrence, assez mal. Il s'agirait plutôt de retranscriptions ; les plus denses comme les plus toniques préceptes de vie que nous offre l'Abbé Pierre ont pris naissance dans son expérience personnelle.

C'est la raison pour laquelle, dans ce chapitre, sont d'abord consignés des confidences, des fragments autobiographiques qui – tout en contenant des directions de vie – replacent dans leur contexte, à la fois si particulier et si riche, les préceptes rassemblés dans cet ouvrage.

Comment Henri Grouès est-il devenu l'Abbé Pierre ? Quelles sont les expériences qui ont formé son caractère, fait éclore ses décisions et ses prises de position, généré ses actions ? Elles sont autant de leçons de vie qui nous aideront à devenir nous-même.

Influences d'enfance

Influences parentales

Mes parents, papa, maman, tantôt je les admire et ils me glacent, tantôt je les sens loin de moi, au milieu des sept autres.

La force et la profondeur de l'union entre ma mère et mon père, cela a sûrement été le premier grand don reçu dans la vie.

Il est beaucoup question de mon père dans les interviews que j'ai pu donner au fil des années. Pourtant, maman avait énormément de personnalité. Mais, avec huit enfants et un mari malade, elle était débordée. Mais je n'ai pas le souvenir d'avoir eu des câlins de sa part.

Comme c'est difficile de venir en aide aux plus malheureux !

Papa était un homme très exceptionnel mais d'une grande simplicité. J'ai compris qu'il n'était pas un simple catholique pratiquant, un dimanche matin, lorsqu'il nous a montré, à mon frère et à moi alors en âge de comprendre, son activité de « barbier des miséreux ».

Comme ses amis, il était en bras de chemise, au milieu d'une cinquantaine de mendiants. Il les rasait, leur coupait les cheveux et leur servait le petit déjeuner. Un jour, malmené par un de ces mendiants, papa nous dit au retour :

– Vous avez vu comment je me suis fait secouer et comme c'est difficile de venir en aide aux plus malheureux !

L'aveu du 14 décembre 1931

Il [il s'agit de son père] m'a pris par la main et m'a dit :

– Choisis !

J'ai choisi.

Oui, papa, je sais ce que vous pensez, le capucin est « le prince des bougres ». Mais vous qui lavez depuis plus de dix ans les bougres, les loqueteux de Lyon, ceux dont personne ne veut parce qu'ils sont pouilleux et crasseux, soyez heureux ! J'ai voué le meilleur et le tout de mon cœur à tous les vagabonds du monde.

Prière commune

Chaque soir, toute la famille s'agenouillait pour cinq minutes de prière commune. Voir papa et maman demander ainsi pardon pour ce qu'ils n'avaient pas fait de bien dans la journée ! Tout cela pénétrait nos vies.

Chaises d'église

On faisait la prière du soir, tous ensemble, et nos chaises à l'église étaient marquées à chacun de nos noms.

Jeudis mystiques

Nous habitions tout près du musée de la Propagation de la Foi où se trouvaient évoquées la vie et la mort de beaucoup de martyrs.

Les jeudis, quand il pleuvait, c'était parfois l'une de nos curiosités d'enfant de nous y rendre.

C'est à cet âge que j'y ai trouvé un livre sur les instituts missionnaires que j'ai lu et relu. Et un jour, une décision s'imposa à moi : je serai missionnaire.

UNE ADOLESCENCE ENTRE SOUFFRANCE ET ESPÉRANCE

Longs jours de méditation

Mon échec de juillet, ma diphtérie, et ces longs jours de méditation. La découverte de sainte Thérèse, d'Anne de Guigné, la contemplation de saint François, voilà ce qui m'a conduit jusqu'ici, jusqu'à cet instant où je découvre Guy de Fontgalland, cet instant où, complexité dure, je prépare mon oral.

Lire, prier, penser

J'ai la diphtérie… Cloîtré trois semaines au minimum… Autour de moi, on est encore à moitié abruti par cet éclat. Moi, je suis le plus heureux de la bande. J'ai enfin la solitude que je désirais tant depuis le début de cette année tourbillonnante, écrasante de boulot. Je vais pouvoir lire, prier, penser. C'est l'idéal…

Ce pitre d'Henri

Quel drôle de type je suis. Ce soir, sitôt revenu au milieu de mes frères et sœurs, je me suis mis à faire le fou. Depuis deux heures, ils rient, s'amusent, et moi je les fais rire et s'amuser. Je les entends encore à l'étage en dessous riant et répétant les blagues de ce pitre d'Henri.

Et moi, monté dans ma chambre, seul maintenant, fiévreux, j'ai l'âme aussi rêveuse qu'avant, plus même.

Qui suis-je ?

Qui suis-je ? Un enfant comme tous les hommes, composé de pas mal de contrastes et d'oppositions qui, à première vue, semblent incompatibles, qui, après réflexion, se trouvent inexplicables et seraient incroyables si leur présence n'était pas sans cesse là et ne se révélait pas si fréquemment.

Souffrance d'adolescence

Pourquoi j'entretiens ma douleur, ma souffrance ? Ce soir, je crois le comprendre.

La souffrance élève.

Il me faut une expansion, un cœur bouillonnant de moi.

Il me faut une amitié vraiment parfaite, une amitié vraie.

Aimer et être aimé mais surtout sentir que je suis aimé.

Cela, hélas, Dieu ne me l'accorde pas. Cette expansion qu'il me faudrait, Jésus ne m'en fait pas le don. Voilà ma souffrance… Me fermer à tout, sauf à cette amitié idéale. Souffrir dans mon cœur puisque cette amitié m'est impossible et que je veux ne regarder pourtant qu'elle. En souffrant cela, je sens que je m'élève vraiment.

Dans la souffrance je suis seul, me semble-t-il. Voilà par conséquent ainsi la raison toute trouvée de ce que je me ferme. Mais il est des jours cependant où cette souffrance est impossible seul. J'étouffe. Mon cœur éclate…

Seul, je suis seul, plus seul que jamais. J'ai failli tomber, oui, mais j'ai désormais ma souffrance. Croyez qu'elle ne sera plus du tout inconsciente. Je ne veux pas baisser. Je veux souffrir. C'est une vie terrible que je veux. Mais aussi j'aurai Jésus, j'aurai le ciel. Merci, Jésus, j'accepte.

Je veux désormais absolument, consciemment, souffrir. Voici désormais ma seule devise, puisqu'en souffrant je me sauve.

Votre enfant, Henri, 23 août 1927.

Éloge d'un modèle

Je ne savais quasiment rien de la vie de saint François d'Assise. Probablement n'aurais-je pas su le distinguer de saint François de Sales ou de saint François Xavier.

Ce n'étaient donc pas du tout encore sa personne et sa vie qui me saisissaient. Mais je ne puis douter que cette émotion si violente, qui pourtant alors n'était encore que devant une perfection de beauté, était comme une préparation providentielle à tout ce qui allait suivre.

De la pauvreté à l'espérance

À la lumière de saint François, je souhaitais prendre le chemin du dénuement pour devenir pauvre au fond de moi, dans cette espérance de la rencontre de celui qui est.

Un cœur avide d'une âme à aimer

Je crois que le trait le plus important de mon caractère, mais aussi le plus caché, celui qui de tous est le plus fort moteur de toutes mes pensées et de toutes mes actions, mais aussi celui que je m'efforce le plus non pas d'étouffer, mais de dompter, mais de transformer est : un cœur avide d'une âme à aimer et d'un cœur qui lui réponde. Je dis bien que ce trait de mon caractère, je veux le dompter, car il est d'une violence qui ne s'est révélée que d'une façon très soudaine. Il est violent mais délicat.

Rencontre maternelle

C'est trois ans plus tard, peu avant mon départ au noviciat, que j'ai eu une vraie rencontre avec ma mère. Alors qu'elle me soignait pour une diphtérie, elle m'a fait la confidence de ce que c'était sa vie, au plus profond. Ces moments me furent un cadeau, un cadeau si précieux qu'il vit encore en moi.

Naissance d'une vocation

Les capucins

J'éprouve un attrait très fort pour la famille de saint François, pour les capucins plus que les franciscains, parce qu'ils sont restés semblables au primitif (robe, lit).

Ce qui m'attire chez saint François, c'est d'abord lui-même. Et puis j'ai gardé un souvenir profond d'Assise. Ce n'est pas à Assise que j'ai pensé à entrer chez saint François, mais environ un an plus tard, après avoir lu la vie de saint François par Joergensen…

Je suis allé voir franciscains, puis capucins… sans en parler à personne avant. Les franciscains m'ont paru dans la paix… Mais les capucins m'ont semblé plus vivants, plus pauvres, très « moines » et je les ai aimés.

J'ai parlé de ces visites au père Durand et il m'a affirmé que je faisais erreur. Je n'ai jamais pu croire qu'il m'exprimait là la pensée de Jésus. Il s'appuyait surtout sur ma santé…

Mon père souffrait parce que c'était bien humble et ma mère s'effrayait pour ma santé…

La vie monacale, la nuit

On se levait toutes les nuits vers 5 heures, et l'on devait rester éveillés sans s'aider de la lecture des textes.

Du couvent à la caserne

Le 24 août 1938, avec 21 compagnons de mon école théologique, je fus ordonné prêtre, et si je fis de mon mieux pour m'attacher à mon nouveau travail, ce fut de courte durée : quelques mois seulement après mon entrée au diocèse, 1939 sonna l'heure de la mobilisation.

La vie de silence et d'adoration des moines

Je me suis retiré au monastère de Saint-Wandrille pour partager pendant huit ans la vie de silence et d'adoration des moines.

De temps à autre, il est vrai, je devais partir ici ou là pour répondre à des appels importants.

Le valet de chambre du scout

À la fin de la Première Guerre mondiale, nous vivions dans une belle maison au centre de Lyon. La paroisse était très collet monté. Depuis son fauteuil, ma grand-mère nous surveillait par la fenêtre qui donnait sur la rue Boissac. Lorsque mes sœurs s'attardaient à discuter avec des garçons, elle leur rappelait que cela ne se faisait pas.

Et lorsqu'elle m'a vu, jeune scout, pousser une petite charrette dans la rue, elle a demandé pourquoi on n'envoyait pas le valet de chambre pour le faire à ma place.

Je serai marin, missionnaire ou brigand

Un jour, alors que j'étais dans le train quelque part entre Berck et Boulogne, une dame me demanda ce que je voulais faire plus tard. Je répondis alors : Je serai marin, missionnaire ou brigand !

Avec le recul, la vie ne m'a-t-elle pas permis de réaliser ces trois vocations ? D'abord comme aumônier de la Marine, à la fin de la guerre ; puis missionnaire à travers les fondations Emmaüs établies sur tous les continents ; et, enfin, pour nombre de braves gens, plus ou moins suspect d'être brigand dans la Résistance, ou en accueillant des compagnons considérés comme peu recommandables.

François Garbit

Ma vie a été pour toujours marquée depuis l'âge de quinze ans par la parole d'un autre Saharien qui, lui aussi, devait tomber en 1941. Il était mon plus intime ami de collège. J'avais dû, malade, être envoyé au bord de la mer. Nous nous écrivions.

Horrifié de ma tristesse, il me harcelait de ses lettres. Il s'appelait François Garbit.

Lecture décisive

J'ai eu la chance de mettre la main sur le meilleur livre écrit à l'époque sur saint François, celui de Joergensen, le plus documenté et le plus rigoureux du point de vue historique. La lecture de cet ouvrage, fleurie de mes impressions du passage à Assise, a été décisive.

François d'Assise et Napoléon

Saint François d'Assise, Napoléon, je ne sais pourquoi, ce soir, je rapproche ces deux caractères. Je ne sais pourquoi je les aime ensemble… Je les admire tous deux, j'en rêve d'égale manière, et celui-ci me fait jouir de celui-là, d'une manière vraiment neuve. J'en rêve, oui… et, par leur exemple, je veux arriver à les (oh, quel orgueil !) égaler si Dieu me l'accorde.

Quand la foi chasse le doute

Lors du dernier entretien que j'eus avec François Mitterrand, entretien qui dura trois heures, il me demanda :

– Mais, dans une longue vie de péripéties comme la vôtre, avec ses coups durs et ses joies, n'avez-vous jamais connu le doute ?

Je lui répondis :

– Si, à seize ans ou dix-sept ans, j'ai connu le doute absolu par rapport à tout ce qui m'était enseigné. Puis la foi a chassé le doute. Mais une fois le doute vaincu, ma vie n'a jamais cessé d'être tissée d'interrogations.

Entre ambition dévorante et instinct de domination

Je me sens une ambition débordante, et qui me pousse et m'accable. J'ai en moi un instinct de domination qui me fait souffrir terriblement dès que je suis forcé de me voir au niveau des autres ou plus bas que certains et moins haut que d'autres en quelque sujet que ce soit.

Mais qui es-tu, toi ?

J'étais déjà en études de philosophie, de collège ; et je ne sais plus du tout dans quelle lecture – je sais que ce n'était pas dans la Bible – je me suis trouvé devant l'évocation de ce qui nous est raconté dans la Bible à propos du buisson ardent. Moïse a entendu une voix lui disant qu'il fallait délivrer le peuple d'Israël de sa captivité en Égypte.

Moïse n'est qu'un berger et il adresse à la voix qui semble lui venir d'un buisson qui brûle sans se consumer :

– Mais qui es-tu, toi qui me demandes une action aussi insensée ?…

Ce fut pour moi comme si je me tapais la tête tout d'un coup contre le roc ; inébranlable la réponse qu'on ne sait pas comment traduire, ni dans la langue d'origine, ni dans le latin, ni dans le français… Ce que dans la langue d'origine on exprime avec les syllabes : *Yahwé*, je suis, je suis.

De la solitude

À la fois quoi de plus affreusement douloureux et, par instants plus ou moins prolongés, quoi de meilleur que l'expérience de la solitude ?

Ainsi en est-il de bien des réalités de cette si énigmatique vie humaine, écartelée entre angoisses, obscurités et temps de paix et, par instants, indicible jubilation.

Des journaux et des livres

Pendant des années, j'ai vécu sans lire les journaux, sans même ouvrir un seul livre. Mon temps était dévoré par les appels au secours : dès le réveil je pensais à des planches, à des clous, à des bonshommes qui s'étaient soûlés la veille. Aujourd'hui, c'est avec une sorte de fièvre que je me précipite sur la table des matières de tout livre où j'espère glaner une réponse, un écho à ce qui me préoccupe.

L'amour des cimes

Jésus, ce soir, j'ai appris à connaître et aimer Vigny. Oui, c'est un chic auteur.

Il a senti tout ce que j'ai senti. Il a pleuré d'amour. Il a pleuré de doute. Il a pleuré de détresse. Il a cherché, il a eu peur, il a été troublé par tout ce qui le trouble.

C'est le premier en qui je me reconnais tant...

Vigny, donne-moi ta stoïque fierté, Vigny, donne-moi ton amour des cimes et des choses hautes et belles.

Se faire un nom

Je rêve d'être Vigny, mais un Vigny éclairé et grandi par la lumière. Il faut que j'aie vécu d'ici 1933 la fin de mon service. Après, Jésus, je serai à toi ; avant, je serai au monde, je veux laisser un nom.

Quatre ans, Jésus, garde-moi durant quatre ans. À vingt ans, comme Chatterton s'est suicidé, moi je me jetterai dans ton cœur, Jésus ; avant, laisse-moi me faire un nom !

L'animateur international

Mon rôle est celui d'un animateur international ; je m'applique à visiter les communautés lointaines pour que la relève se fasse sans problème lorsque je partirai pour « les grandes vacances ».

Il s'agit bien davantage de communiquer des raisons de vivre que de donner de quoi vivre !

Et je constate avec joie dans la jeunesse une évidente volonté de service et de dépouillement.

Tuer ou être tué, là est la question

Je me rappelle aussi, enfant, mon père parlant de la non-violence mais disant :

– J'ai sur moi un revolver et si je voyais votre mère menacée, ou l'un de vous, je n'hésiterais pas à tuer.

Pour être équitable, pour ne pas tricher, ni dans un sens ni dans un autre, il ne faut pas ignorer qu'affectivement le guéri va reprendre les armes. Mais il ne faut pas ignorer que le pauvre type n'est pour rien dans la création de cette situation où c'est : « Si je ne te tue pas, tu me tues. »

Devenir un saint

De ce jour, je veux arriver à devenir un saint. Je veux me faire un plan de vie sainte pour jusqu'au bachot. Puis j'en ferai un autre pour l'année et je les tiendrai, je le veux.

Lors des débuts d'Emmaüs

Nous vivions misérablement. Beaucoup d'entre nous dormaient sans couverture, sous des tentes, enfoncés dans le papier pour se garder du froid.

Une nuit, je rentrai très tard. Passant près d'une tente, j'entendis des camarades qui parlaient. Je m'arrêtai et j'entendis l'un d'eux dire, en parlant de ce qu'il vivait depuis qu'il était à la Communauté :

– Tu comprends, ça c'est sincère !

L'accent de cet homme, qui ne faisait pas de la philosophie, prononçant : « ça c'est sincère » était extraordinaire. Il avait eu, peut-être pour la première fois de sa vie, l'impression d'avoir rencontré de l'absolu, du vrai total. Et je me demandais : « Comment se fait-il qu'à travers notre misère, l'on retrouve l'Absolu ? »

Et je compris que c'était, non pas parce que nous avions quelque particulière valeur, mais simplement parce que, si peu excellents nous-mêmes, nous avions fondé toute notre vie de communauté sur cette loi, la seule excellente : « Servir, et faire servir avant soi quiconque souffre plus que soi. »

Question sans réponse

Un écrivain intéressé par les problèmes religieux m'a écrit récemment :

– D'ici un an, je me propose de faire un livre en m'adressant à toutes sortes de personnes en leur posant cette question : « Pour vous, qui est Jésus ? »

Sur-le-champ, quand cette lettre est arrivée, j'ai pris une feuille de papier et je lui ai répondu :

– Je découvre, en vous lisant, quelque chose qui est stupéfiant ; je suis vieux, près de la sortie de l'ombre et du temps ; j'ai vécu toute ma vie responsable, depuis que j'étais assez grand pour être responsable de quelque chose, sur les pas, dans la lumière de Jésus ; alors je découvre tout d'un coup, en vous lisant, que je ne me suis jamais posé la question sur laquelle vous m'interrogez.

LES LEÇONS DE LA VIE

Inlassablement chercher son chemin

Les repères d'une vie, ne les trouve-t-on pas à force de chercher son chemin ?

Devoir constant

Il faut que la voix des hommes sans voix empêche les puissants de dormir.

Pour ne pas rater sa vie

Pour être sûr de ne pas rater sa vie, trois choses suffisent : d'abord regarder de quoi les autres ont mal, puis pourquoi les autres ont mal et, après ce regard courageux, savoir écouter le silence.

Haute vertu du silence

Le silence qui peut faire venir en nous la pensée : à quoi rime d'être heureux sans les autres ?

Viatiques pour le quotidien

Quand tu souffres,
Aime plus fort.
Aime ceux qui sont dans les larmes plus que toi,
Dans plus de froid,
Dans plus de faim,
Et plus seuls en eux-mêmes,
Et quasi plus inexistants,
Plus absents à eux-mêmes.

La leçon de Lubac

La veille de mon ordination, comme je me confessais au père de Lubac, à la montée de Fourvières venait de paraître son magnifique bouquin *Catholicisme*[1]. Il me le donna.

Je lui demandai de m'écrire quelque chose. Il écrivit : « Demain, quand vous serez étendu sur les dalles de la chapelle pour l'ordination, ne faites

1. Cardinal Henri de Lubac, *Catholicisme, Les aspects sociaux du dogme*, tome VII, Éditions du Cerf, 2003.

qu'une demande à l'Esprit saint. Demandez-lui qu'il vous accorde l'anticléricalisme des saints. »

J'ai essayé de profiter de la leçon.

La vie monacale, le jour

Le seul bien que nous possédions, c'était un carré de laine blanc. On se chargeait d'éliminer la vermine avec cette étoffe : les puces s'emmêlaient dans les fibres, elles se détachaient sur le fond blanc ; ainsi, on pouvait mieux les supprimer.

Savoir se gérer

Quand tu n'en peux plus d'aimer, espère.
Quand tu n'en peux plus d'espérer, crois.
Quand tu n'en pourras plus de croire, va dormir.

Savoir reconnaître ses erreurs haut et fort

[Ce texte a été écrit à la suite de l'affaire Garaudy]

En ce monastère, j'ai pu, au calme, lire et annoter le livre, devenu si cruel de douleurs et de querelles passionnées… Ce que déjà je sais, c'est que je peux et dois dire deux erreurs de ma part.

Premièrement, parlant du crime, au-delà de toute mesure, vécu en notre temps, à partir de l'Europe, et qui a voulu employer toutes les techniques possibles pour tuer plus, et vite, en privilégiant dans l'horreur beaucoup de nos frères et sœurs, de tout âge, en fonction de leur race et de leur foi, je dois déclarer avoir eu tort d'évoquer, comme s'il y avait une analogie, d'autres tueries passées, elles aussi se prétendant inspirées par le mystère divin.

Aucune n'a voulu, autant que celle de ce siècle, cette monstrueuse sacralisation, ni n'a eu cette ampleur en contrecoups planétaires.

Aucun écrit disant ces atrocités, aucun monument ne saura jamais les avoir pleinement fixés pour nous-même, et pour les jeunesses qui naissent chaque jour.

Deuxièmement, je n'ai pas su assez dire que ce livre, qui a fait se rouvrir tant de blessures chez quiconque fut proche des victimes (et, de ces proches, j'ai été et je reste pour toujours), m'a paru risquer d'être malfaisant si on ne montre pas en lui d'éventuelles erreurs, s'il y en a, et surtout si ceux qui le rejettent ne s'attachent pas à montrer les limites du plan où il se situe, et s'ils cessent de redire les réalités en tous leurs aspects.

Savoir pratiquer la vénération

La vie de saint François d'Assise me semble se rapprocher le plus de la mienne, par ses méditations, son action intérieure et son action extérieure.

Je crois que j'ai vécu une existence fort semblable à la sienne.

Dans la guerre

La chance que j'ai eue durant la guerre, c'est de ne jamais avoir eu à tuer, de ne m'être jamais trouvé dans la situation de dire : « C'est lui ou moi. » Je ne m'en glorifie pas.

J'ai donné mon aide à ceux qui se battaient et je leur apportais du ravitaillement.

J'ai fondé un journal dont trois numéros ont paru ; il s'appelait *L'Union patriotique indépendante.*

Mon royaume n'est pas de ce monde

Ce que j'ai vécu me donne la conviction que mon royaume n'est pas de ce monde.

J'ai l'impression d'avoir entendu parler d'une carrière de marbre merveilleuse. J'y vais et je vois des pierres cassées, inutilisables.

Parce que c'est dans la carrière que s'élabore le matériau, mais on n'y bâtit pas la cathédrale. Elle s'édifie ailleurs.

Je suis convaincu que nous vivons dans une esquisse constante.

Devant toute souffrance humaine

L'ami d'Emmaüs, devant toute humaine souffrance, selon qu'il le peut, décide de s'employer, non seulement à la soulager sans retard, mais encore à en détruire les causes.

De la nécessité d'ébaucher un portrait

Il faut, toujours tremblant, un peu comme on approche de toute chose consacrée, tenter d'ébaucher un portrait, fût-ce le sien même, à la trace de Dieu, dont le sceau indélébile reste, fût-ce sur le plus piteux, sur le dernier, le plus quelconque des visages de l'homme ; ce lien en soi-même, ce Tout en son tourment et son destin.

Des contagions positives

Dans une aventure comme celle des communautés d'Emmaüs, je sais que j'ai été amené à une charge comme celle-là par une partie de mes défauts.

Tout ce qui a été fait l'a été vraiment uniquement par contagion. Jamais par autorité.

La bonté, la joie, sont contagieuses.

Coquille vide sous une auréole

Je ne serai
Ni l'apôtre de la charité,
Ni celui de la justice sociale,
Ni un réformateur politique,
Ni un théologien.

Tant pis pour ceux qui auraient voulu que je fusse l'un ou l'autre : ce n'est que l'idée qu'ils se font de moi qui leur inspire ces rôles.

Ma vocation est autre, sans quoi je resterais un mythe vivant, une coquille vide sous auréole.

Personnel et confidentiel

Mea culpa

On peut être un homme de cœur, et un aveugle, un imbécile. Nous sommes tous des hypocrites, moi comme les autres.

Les gosses et les grandes personnes

Quand on est petit, il y a nous, les gosses, et les grandes personnes. Très, très profondément, je n'ai jamais perçu que j'étais passé du côté des grandes personnes.

Partager le fardeau

Par tempérament, très vite, j'étais porté à faire confiance, pour partager le fardeau.

Je n'étais pas conscient que je demandais à des gens qui n'en avaient pas la force de prendre une part de ce que je supportais à peine.

De multiples remous sur le fleuve au passage du chaland

Impressionnable, je sens vibrer, de façon insoupçonnée, mille défauts infimes : joies, peines, amertumes, fiertés ou hontes qui, comme de multiples remous sur le fleuve, au passage d'un chaland, viennent frapper les rives, heurtant aux cordes de mon être à mesure que le jour s'écoule et longtemps se laissent vibrer.

Au sujet de la Légion d'honneur

Dites à ceux qui vous envoient que je m'engage à ne faire aucun embarras s'ils [le « ils » désigne les hauts fonctionnaires mandatés par le Premier ministre] tiennent à la déposer sur mon cercueil, je ne m'y oppose pas.

Au sujet des colères

Je crois que c'est vraiment très très rare qu'elles aient éclaté. Au-dedans, cela gronde.

Mais j'ai de plus en plus l'anxiété du risque de n'être pas vraiment juste.

Peut-être est-ce, avec l'âge, utile autour de soi d'être davantage lent à intervenir. Mais alors ne risque-t-on pas de confondre, avec ce qui serait précieuse prudence, seulement sa lassitude ?

Vivre le plaisir mentalement

J'ai, moi, vécu le plaisir mentalement. La joie du plaisir donné.

Ces moments rares ont tenu une place considérable dans mon imaginaire.

En fait je n'ai jamais eu de liaison.

Être entièrement occupé par les besoins des autres était une dérivation.

Ce n'était pas transcendé dans le spirituel, dans l'adoration, mais dans l'action, la compassion : la charité d'amour, la joie donnée, l'arrachement à la misère.

L'épreuve entre toutes les épreuves

[Toujours au sujet de l'affaire Garaudy]

L'une des deux épreuves les plus fortes de ma vie… J'ai tout entendu : « L'Abbé Pierre est antisémite, il est sénile, il est devenu lepéniste… »

Depuis, j'ai retiré mes propos et j'ai demandé pardon. Au plus profond de moi, il y avait la douleur dont je savais que souffraient beaucoup de personnes auxquelles toute ma vie m'avait étroitement lié, en particulier mes frères juifs.

Je crois, aujourd'hui, que ces tragiques malentendus provinrent du fait que, imprudent et trop hâtif, j'avais abordé dans un même document des questions de personnes, des questions politiques et des questions religieuses.

Engagement

Un soir, je prends mon père à part et je lui dis :

– Je veux être le plus pauvre parmi les pauvres.

Et j'ajoute :

– Ma place n'est pas parmi vous, mais au fond d'un cloître.

Vertu

Je n'ai jamais été un homme de vengeance.

Savoir juger ses propres fautes

De chaque faute de ma vie, j'essaye d'avoir vrai repentir et réparation. Des omissions, il me semble que je ressens le plus fort la culpabilité.

Savoir se supporter soi-même

Quand on est jeune, il peut coûter de supporter les autres.

Quand on a longtemps vécu, combien parfois il coûte davantage de se supporter soi-même, tandis que l'on se connaît, jour après jour, de façon plus profonde et vraie.

Alors on ne peut pas se retenir d'envier ces siècles passés où la durée des vies était tellement plus courte, où duraient moins d'années les pas interminables par lesquels on s'en va, trébuchant dans l'ombre du temps, et où, plus vite enfin, l'on était au but dans la lumière.

Le dur devoir de durer

Je déteste le temps, je ne peux pas supporter le temps et je suis bien pris au piège en vivant quatre-vingts ans.

J'ai une exaspération du temps, c'est comme cela. Un jour, j'écrivis : « Mon Dieu, vite, j'en ai assez d'être agissant dans le devenir, je veux être agissant dans l'être. »

Cet agissement dans le devenir à recommencer à toute heure et chaque jour…

Trois choses essentielles, liées à l'expérience de la création d'Emmaüs

D'abord, cette évidence : quoique nous soyons tous minuscules et dépassés et défaillants, pourtant nous pourrons tous être appelés à servir, nous pouvons tous nous trouver devenus, à l'improviste, tantôt de façon obscure, tantôt de façon éclatante, révélateurs, malgré nos misères, révélateurs dans la multitude humaine, tout près de nous ou jusque très loin à travers le monde, révélateurs de ce « pour quoi vivre » de cette « sûre Rencontre avec l'Amour Absolu » dont la faim crie en nous. Et cela n'a pas grand-chose à voir avec un mérite de nous ! Seulement dire oui à un appel et revenir à ce oui malgré les moments où l'on est défaillant.

Et, en même temps, cela m'a appris (mais comment bien le dire ?) une deuxième chose : alors que j'étais submergé, écrasé, un long moment, sous tant de folle célébrité et admiration, par cette naïve gentillesse avec laquelle des foules émerveillées de ce qui arrivait me l'attribuaient, alors cela m'a appris ce que c'est qu'être humilié affreusement au-dedans de soi, parce qu'en se découvrant crûment ni admirable ni capable, tandis que, partout autour de soi, tous le réclament de celui qui est ainsi mis en vedette.

Et puis cela m'a appris beaucoup de patience. Car il a fallu continuer. Et il le faut. Tout en se sachant chaque jour tant insuffisant.

Cultiver la bonté et la compréhension

Dieu seul est bon.
J'essaye de ne jamais être méchant.
J'essaye de me mettre à la place de l'autre.

Toujours au sujet de la Légion d'honneur...

Je n'accepterai cette distinction que le jour où le gouvernement aura le courage de mettre en application la loi de 1945 qui veut qu'on attribue d'office des locaux vacants pour les cas tragiques.

Il y a, en France, plus de deux millions de mal-logés et quatre cent mille « couche-dehors ».

Je ne veux pas être complice de ce qui ne se réalise pas pour les pauvres.

[Nouveau refus d'accepter la Légion d'honneur,
14 juillet 1992]

Confidence au général de Gaulle :
petits défauts et grandes qualités...

Nous avions discuté durant une journée entière à l'occasion du mariage, que l'on m'avait demandé de célébrer, d'un parent commun.

Les entretiens, entre nous, et avec d'autres, par moments, avaient bien sûr, quoique amicalement, produit des affrontements sérieux.

À la fin du jour, comme je repartais, il voulut, dans l'exquise affabilité qu'il savait montrer quand il le voulait bien, me raccompagner jusqu'à ma voiture. J'étais déjà au volant, et je ne pus me retenir de lui dire :

– En définitive, nous autres, mon général, nous n'avons que de petits défauts parce que nous n'avons que de petites qualités. Mais vous, mon Dieu, que vous avez de grandes qualités !

Cultiver le don des insolences mesurées

J'ai reçu un don de Dieu. Celui de faire passer des messages en ayant des insolences mesurées.

Au-delà de la mesure, on se fait plaisir mais plus rien n'avance parce que ceux à qui on s'adresse ne sont pas prêts à en entendre plus.

Lassitude de Noël ?

Il me semble que, depuis bien longtemps, et sûrement le plus souvent, Noël, c'est pour moi, chaque année… une grande lassitude, environnée de la joie et des sourires, de beaucoup… dans une paix au-delà des mots et des chants. Et ne fut-ce pas cela aussi pour la Vierge Marie et pour Joseph ?

Eux pour qui il n'y avait pas de place, alors qu'ils devaient être si las… Mais les anges et les bergers chantaient de joie parce que s'accomplissaient le signe de tous les pardons et la rencontre de tout l'humain avec tout l'éternel qui est amour.

Comment affronter la détresse qui suit les conférences ?

Les conférences… Ce sont d'immenses détresses. Peut-être que seuls les gens du spectacle pourront bien comprendre ce que je vous confie là.

On s'est concentré, puis donné, de tout son être. Une foule applaudit, cherche à vous entourer un instant, parfois avec de très touchantes manifestations de sympathie… Et bientôt vous êtes seul, horriblement las, et seul... Combien souvent, alors, j'ai pleuré, sans trouver le sommeil.

Une possession de perfection

Toujours, j'ai senti d'étranges forces m'attirant en la possession d'une perfection en laquelle on se puisse reposer.

Il me faut cela, une possession de perfection. Une possession entière, qui voit tout, qui sait qu'elle voit tout, que tout est là, loyale et réelle. Une possession divine...

Cette recherche sacrilège eût pu m'anéantir. J'eus l'immense grâce, après avoir beaucoup souffert dans cette voie, d'être doucement touché et arrêté, et d'entendre cette parole, ce verbe : « et tout le reste vous sera donné par surcroît », et par-là, d'être illuminé.

Éloge de la maladie

J'ai, tout au long de ma vie, été souvent immobilisé, plus ou moins gravement, par la maladie. Mais rien qui soit une infirmité permanente. Et, finalement, j'ai l'impression d'être de ceux dont on dit que, souvent malades, ils finissent par être ceux qui enterrent les bien portants.

Plusieurs fois, les médecins m'ont dit :

– Résignez-vous, vous ne pourrez plus jamais avoir de grande activité.

Et, peu après, je reprenais des forces et travaillais plus qu'avant.

Les temps de maladie, presque tous, restent, dans mon souvenir et dans la réalité, des temps de la plus grande importance. Par le recueillement, l'isolement, ils étaient des temps où, d'une part, se mûrissait tout le vécu, tout le « pensé » d'avant et, d'autre part, aussi des temps où explosaient, du fait de la non-activité extérieure, des émotions jusqu'alors plus ou moins inconscientes.

Esquisse d'un bilan

Le courage d'oser

Ce matin, pensant à ces entretiens [...], j'avais le cœur rempli d'une pensée, d'un souvenir. C'était, il y a peu, à la suite d'une longue rencontre avec des milliers d'adolescents réunis par le mouvement « Jeunes Témoins du Christ ». Des questions m'assaillaient. Un garçon demanda :

– Dites-nous ce qui a été le plus grand échec dans votre vie.

Je suis resté un instant à chercher et puis j'ai dit (il n'y avait plus le temps de longues explications) :

– Je crois que ce que je ressens comme le plus grand échec, c'est ce que je n'ai pas eu le courage d'oser.

Du bon usage du testament

Dans un testament, on indique comment il faut partager ce qu'on laisse. Comme je ne laisse rien qui m'appartienne en propre, ce sera simple pour l'exécuteur testamentaire !

Dans mon testament, il y a juste ce que la vie m'a provoqué à penser, ce que j'ai eu envie de dire à certains moments.

La première fois que j'ai eu l'idée de faire un testament, c'était pendant mon noviciat. Déjà, à ce moment-là, m'habitait la pensée de mourir. J'avais vingt ans. Ce testament a été perdu, vingt-six ans plus tard, au cours de l'une des périodes les plus noires de ma vie dont le simple souvenir me fait encore mal. J'étais à la veille d'une opération, à bout de surmenage et d'épuisement. Le texte qui formait la partie la plus importante du dossier a été rédigé en décembre 1957 et commençait ainsi : « Depuis quarante ans que j'espère mourir… »

L'autre texte important a été fait au cours de la semaine qui a précédé mon départ pour l'Amérique latine en 1963. J'écrivais : « Je porte en moi la conviction que c'est là que Dieu me prendra… »

Et le bateau qui me transportait de Montevideo à Buenos Aires a fait naufrage !

Enfin, j'ai pris l'habitude de glisser dans le dossier des petits papiers, et je continue à le faire. Le plus récent, c'est celui que j'ai écrit une nuit où j'avais la fièvre, au Sahara, à 2 800 mètres d'altitude.

Ces petits papiers, je les ai intitulés « confidences ». Je les ai ajoutés un à un les jours où je me sentais mal, après une réunion difficile, un travail épuisant. Je les laissais sur la table... : « Si demain j'étais mort. »

Souvent, j'écris simplement : « Seigneur, viens ! » Car ce sont les moments où j'ai l'espérance que cette fois, ça y est, que cette fois, enfin, je vais quitter les ombres du temps !...

Des difficultés de voter...

Voici une lettre portant la mention « confidentiel » que l'Abbé Pierre adressa à Lucie Coutaz, sa fidèle secrétaire. Elle porte la date du 10 mai 1981, 17 heures, et fut publiée dans le livre À contre-courant :

Avant que commencent à être connus les résultats de cette élection (graves surtout par la coupure si forte du pays), je veux vous avoir fait une confidence (à garder longtemps secrète) : après avoir beaucoup réfléchi et prié, pour la première fois, j'ai voté blanc. Parce que sûr d'avoir personnellement une autre tâche à remplir, pour un efficace service premier des plus souffrants, et je me sentirais trop mal à l'aise si, dans le climat survenu ces derniers jours, je m'étais comme lié aux uns ou aux autres qui, nécessairement ce soir, vont être, ou les uns ou les autres, blessés, poussés aux rancunes. Que Dieu m'aide dans la tâche à venir.

Nostalgie

Je n'éprouve aucune nostalgie de l'enfance, de la jeunesse, aucune nostalgie des jours anciens.

À quoi ça sert de pleurnicher sur ce qui a été ?

Occupons-nous de choses sérieuses.

Avoir quatre-vingt-dix ans

L'Abbé Pierre répond à la question de Gilles Debardini : « Que signifient pour vous vos quatre-vingt-dix-ans ? »

Je ne peux m'empêcher d'y voir comme une espièglerie de Dieu et, en même temps, le réel qui a rempli le destin de l'humanité, avec ses horreurs et ses beautés, depuis 1912.

C'est comme une obligation, pour ceux qui deviennent vieux, de faire percevoir que la vie, c'est un peu de temps donné à des libertés pour, si tu veux, apprendre à aimer.

Surmonter la souffrance

J'ai appris récemment qu'un psychologue très réputé, Boris Cyrulnik, expliquait cela à propos du développement psychologique de l'individu, montrant que certaines failles et blessures profondes de l'enfance pouvaient permettre une croissance de l'être et donc être considérées comme « un merveilleux malheur », selon le titre de l'un de ses ouvrages.

C'est tout à fait ce que je crois pour la vie en général : toute souffrance surmontée est l'occasion d'une croissance d'être, d'un progrès dans la conscience.

Éloge de la colère

J'ai plus de remords dans ma vie pour les colères que je n'ai pas eu le courage de vivre que pour celles que j'ai su mal maîtriser.

Itinéraire d'un enfant gâté

Si je devais vivre jusqu'à cent ans en ne faisant plus rien, avec l'enfance que j'ai eue, avec ce que m'ont offert le scoutisme, ma vie de moine, la guerre, le Parlement et Emmaüs qui prenait de l'ampleur, je resterais un enfant gâté.

Tout risquer pour témoigner

Si des conflits durs, très durs pour crier la défense des droits de l'Homme violés de nouveau me mettent dans l'obligation de tout risquer pour témoigner contre ruses et mensonges, alors, appuyé sur ces longues heures d'adoration au monastère et sur la chaleur des amitiés de tous, moi qui me sens si fragile, sans plus de forces, je sens reparaître assez d'énergie pour des semaines d'efforts et de débats avec les plus grands de la terre.

À chacun son choix de l'expertise

Il y en a qui sont experts en politique.
Moi je préfère être expert en humanité.

Pas une seconde d'ennui
en quatre-vingt-deux ans

Je n'ai, en quatre-vingt-deux ans, aucun souvenir de m'être jamais ennuyé, hormis lors de réunions mondaines ou diplomatiques où j'ai eu l'impression que rien n'était sincère, rien n'était vrai, jamais.

II

Enrichir sa vie

Henri Grouès a eu l'incontestable chance de naître dans un milieu social favorisé à tous points de vue. Il a vécu dans l'aisance, au sein d'une famille unie et dans un environnement culturel et spirituel remarquable.

Son goût pour l'étude dans ce qu'elle peut comporter d'abstrait – le latin, le grec, la littérature, la philosophie, la théologie – n'a eu d'égal que son goût pour les auteurs classiques de la littérature française. D'où, chez lui, une alliance rare : l'amour des belles-lettres et celui de son prochain.

Un amour du prochain qui n'est pas virtuel mais efficace. Nul n'ignore le grand bâtisseur que fut l'Abbé Pierre, il usa de la truelle et du marteau pour venir en aide aux mal-logés et aux personnes débilitées par le grand âge, la maladie ou toutes sortes d'accidents de la vie.

À cet éclectisme s'ajoutent une vive curiosité intellectuelle et une énergie hors du commun qui l'ont conduit à enrichir sa vie de toutes les manières possibles, à s'impliquer en permanence dans une dynamique de recherche, d'étude, d'approfondissement, d'éveil. Non seulement il a su multiplier les rencontres avec des hommes et des femmes de tous bords et de toute obédience, aux quatre coins de la planète, mais il a consigné l'essence de ses rencontres dans ses écrits.

Il n'en n'accorde pas moins une place prépondérante à la nature, s'inscrivant une fois de plus dans le monde de demain. Monde d'autant plus élargi que les communautés d'Emmaüs se sont formées dans de très nombreux pays du monde, de la Chine à l'Amérique.

Multiplier les rencontres

Une rencontre décisive

Vers la fin de cette année 1927, encore souffrant et en convalescence à Cannes, je déniche un gros livre savant bourré de notes, *La Vie de saint François d'Assise* par l'auteur danois Joergensen. C'est alors ma deuxième rencontre décisive avec saint François. Ce livre, je le lis et relis dans ses moindres détails. Et l'émotion ressentie aux Carceri explose, plus profonde.

Villa Notre-Dame

Depuis près de quinze ans que, dès que je le peux, serait-ce pour un seul jour, je viens là, pas loin de Paris, au bord de la forêt de Sénart, dans la commune de Combs-la-Ville. C'est un auxiliaire du cardinal de Paris qui, dans l'un des moments où je n'en pouvais plus, m'a fait connaître cette maison d'accueil de prêtres convalescents. Jadis résidence d'un ambassadeur d'Allemagne, elle fut donnée pour l'accueil des prêtres âgés ou convalescents par sa dernière propriétaire, il y a déjà longtemps.

Là, le cher abbé Godin, l'auteur du fameux livre *La France, pays de mission ?*, aimait se recueillir. Nombreux sont mes frères prêtres que, au cours de tant d'années, il m'a été donné de rencontrer là, et si divers ! Beaucoup d'entre eux ne sont plus jeunes, beaucoup souffrent de bien des misères de santé, parfois inguérissables.

Et, après avoir vécu avec eux, la vie ensemble, et la prière ensemble, je repars, à chaque séjour, un peu émerveillé. Plus fort que toutes les imperfections humaines, qui sont là autant qu'ailleurs bien sûr, quelque chose rayonne. Oui, c'est l'un des lieux du monde où l'on peut dire : « Ici, l'on s'aime. »

À chaque célébration d'eucharistie, tous ensemble, qui de nous ne revivrait les premières eucharisties de sa jeunesse, quand il offrait déjà pour le monde, mais pas encore sous le lourd poids des autres ? On peut là, ne serait-ce qu'un moment, sortir des harcèlements et à nouveau mieux écouter, mieux entendre Celui auquel on a un jour décidé de dire oui.

À eux, tous ceux que j'ai rencontrés ici (comme aux trois sœurs grâce à qui chacun trouve tout le nécessaire), comment ne pas dire du fond du cœur merci, tout simplement pour le réconfort reçu de la paix de ceux-ci, du zèle de ceux-là et de cette évidence devant laquelle, grâce à eux tous, l'on se trouve : Dieu Amour est Aimé.

La rencontre est espérance

Les rencontres peuvent être heureuses ou malheureuses mais nous n'existons qu'en relation. C'est ça, l'espérance. Il me semble pouvoir affirmer que cette espérance-là existe pour chacun, qu'il soit croyant ou non.

Les rencontres aussi nous marquent. D'ailleurs, on n'existe que par la rencontre.

Un homme à mi-chemin entre Dieu et les hommes

Avec le père Zundel, j'ai eu la chance d'avoir été en contact avec un mystique à l'état pur. Il m'est arrivé de faire le voyage de Paris à Lausanne, où il vivait, rien que pour me confesser à lui. Au cours de cette heure de grâce, il m'était offert de participer à une vie contemplative exceptionnelle. Avec lui, on se trouvait en présence de quelqu'un… à mi-chemin entre Dieu et les hommes. Loin de moi l'idée de vouloir dire qu'il planait dans les nuages. Par sa personne même, on accédait, presque naturellement, au mystère de Dieu à l'Absolu.

De l'existence des grands hommes

Tant de personnes éminentes rencontrées, cela m'a conduit à la conviction que les grands hommes ça n'existe pas.

Il y a des gens de bonne volonté, de courage, de talent.

Il y a aussi des gens méprisables parce que trichant avec leur talent.

Il y a des personnes naïves qui ont magnifiquement conduit des affaires d'État horriblement compliquées, et des habiles qui ont tout perdu. Aucun n'est sans faille.

Les vraies rencontres

Rencontrer vraiment des hommes et des femmes a été l'une des chances de ma vie.

Éloge des vraies rencontres

L'après-midi de ce jour, un second choc allait s'ajouter à celui de cette aurore. Nous sommes montés aux Carceri, ce petit couvent bâti sur des grottes, loin de tout, dans la montagne. J'écoutais alors, étonné, avidement, tout ce que le moine qui nous guidait nous disait de saint François et ses compagnons. Silencieux sur le chemin du retour, je n'étais plus tout à fait le même, comme si quelque chose de tout nouveau s'était profondément ouvert en moi.

C'était la première fois que je pressentais que la solitude et le dépouillement pouvaient être remplis de plus de Rencontres avec Tout que je voulais que n'en pouvaient réaliser tous les dialogues ou les études vécus jusqu'alors.

Dom Helder Camara

11 juillet 1959, première rencontre avec Dom Helder Camara.

Elle restera certainement gravée en moi jusqu'à la fin de mes jours tant la personne est merveilleuse.

Quel homme saint et agissant !

Albert Schweitzer

On a reproché à Albert Schweitzer de ne pas avoir construit un hôpital à l'européenne, alors qu'il en avait les moyens. Il avait fait mieux. Il avait créé un village où l'on soigne.

– Si je les avais écoutés, me disait-il, j'aurais été cruel par deux fois. La première lorsque le malade serait, selon la coutume, arrivé avec sa famille et son troupeau et que je n'aurais pas pu les loger. La seconde lorsqu'une fois guéri, il aurait dû retrouver la brousse après avoir été soigné dans un univers de confort qui lui était désormais inaccessible.

Quand on dit qu'il est tyrannique, qu'il n'est pas commode, c'est vrai, comme tous les hommes qui ont une extraordinaire personnalité.

Mais c'est en même temps un homme d'une bonté infinie, et il restera un maître de sagesse.

L'au-delà vu par Thorez

Et Thorez, au terme d'une conversation poussée à l'extrême du raisonnement, ne finit-il pas par dire à l'un de mes amis :

– Peut-être… Au-delà, je ne sais plus.

Camus, le désillusionné négatif

J'ai travaillé avec Camus au journal *Combat*, c'était juste après la Libération. Un jour, il a eu ce mot fameux :

– Je ne peux pas donner ma foi à un tout-puissant qui laisse tant souffrir les petits enfants.

En fait, Camus était un désillusionné négatif. Il n'a jamais découvert l'espérance qui aurait pu le conduire à la désillusion enthousiaste.

Camus, Sartre, même combat

Si bien qu'il [Camus] est resté, comme Sartre, autrement bien sûr mais autant que lui, un éveilleur de l'absurde. Il a su voir le mal qui règne partout dans le monde et le cœur de l'homme. Mais il n'a pas su voir l'amour que Dieu a imprimé en creux dans l'humanité.

Coluche

Quand j'ai vu Coluche la première fois, je n'ai pas tardé à découvrir l'homme sous le masque.

Il est bon comme un enfant. Il évoque, intimidé, son enfance difficile durant laquelle il avait parfois eu recours à Emmaüs.

Pleurer Coluche

Si la jeunesse pleure Coluche, c'est pour le remercier d'avoir démasqué l'hypocrisie de notre société bien élevée.

Il était un témoin qui accuse et qui agit.

Monseigneur Roncalli, le futur Jean XXIII

J'avais une immense confiance en lui. J'aimais le rencontrer. Il m'a souvent montré une véritable affection et ce fut parfois un grand réconfort.

De l'humilité papale

Jean XXIII, en sa bonhomie paysanne, avait de la chance, étant plus « nouveau venu », de pouvoir dire, comme me l'a rapporté un évêque ami :

– Mais ce n'est pas à moi qu'il faut poser telle question. Allez en entretenir un tel. Moi, vous savez, je ne suis que le pape !

« Vous êtes mon charbon ardent »

Le père Roncalli aimait bien avoir du feu dans sa cheminée, l'hiver.

– Entrez, entrez, vous êtes mon charbon ardent, m'avait-il dit en m'accueillant auprès de la cheminée où brûlaient des boulets.

Jean XXIII et Vatican II

Quand Mgr Roncalli – que je voyais beaucoup lorsqu'il était nonce à Paris, à l'époque où j'étais député – est devenu le pape Jean XXIII et qu'il a pris la décision de convoquer le concile Vatican II, il a dit à l'un de mes amis :

– Nous allons assister à la clôture de l'ère constantinienne.

Il voulait dire qu'il fallait en finir avec la confusion entre les signes et parfois les réalités du pouvoir spirituel et ceux du pouvoir temporel.

Les prêtres ont été des seigneurs, les évêques ont été des princes, les papes ont été des rois et des chefs de guerre.

Au Sahara

Durant ce premier séjour, motivé par une connaissance de trois mois, j'avais eu la chance, une fois mes forces revenues, de cheminer en caravane, à dos de chameau, avec un ermite qui vivait à Béni Abbès.

C'est alors que j'ai rencontré cette solitude d'une qualité si particulière : la solitude qui parle.

Monseigneur Gaillot m'« incardinait »

Après un entretien, puis un bref examen de théologie au grand séminaire, Mgr Gaillot m'« incardinait » sur-le-champ à son diocèse, bien que la coutume fût de n'accueillir définitivement un religieux comme prêtre diocésain qu'après trois ans d'essai.

[…] C'est un exemple merveilleux à la fois d'intelligence, d'humanité, et de disponibilité devant les « manières de faire » de Dieu, si souvent loin des calculs étroitement raisonnables !

Michel Simon…

Je ne le connaissais pas jusqu'au jour où il m'a apporté, à l'hôtel Rochester, au début de mon action, une boîte à chaussures remplie de billets…

Charlie Chaplin

Il me rencontre quelques mois plus tard et me fait don d'une partie du prix de la Paix donné par l'Union soviétique.

Gandhi et la vigueur de la vérité

Gandhi, s'il voulait la non-violence, n'entendait nullement par là la passivité.

Le mot, dans sa langue, communément traduit par « non-violence », signifie en réalité « vigueur de la vérité ».

Mais où entrevoir le point d'harmonisation entre les deux énormes appels qui subsistent toujours sur l'âme humaine : l'appel à la douceur et l'appel à l'emportement devant la méchanceté ou l'iniquité ?

Je pense à Mère Teresa…

… que j'ai bien connue et que j'ai beaucoup aimée.

C'est sûrement une grande sainte qui a su faire preuve toute sa vie d'une immense compassion pour les plus pauvres d'entre les pauvres.

Mais je ne puis accepter de l'entendre dire à des malheureux :

– Vous avez de la chance de pouvoir vous unir à la rédemption et aux souffrances du Christ.

La reine et le vélo

– Comme c'est joli ! me dit la reine Élisabeth en voyant un vieux vélo remis en excellent état par un de nos gars.

– Prenez-le donc, Majesté, lui dis-je.

Eh bien, croyez-le ou non, elle a aussitôt sauté dessus pour faire le tour de la propriété !

Vinoba

Je me rappelle une des rencontres dans ma vie qui m'a énormément marqué, avec un des disciples de Gandhi, le vieux Vinoba. Et je ne sais pas s'il est encore en vie.

J'avais marché trois jours et trois nuits avec lui, il travaillait à faire faire spontanément le partage des terres pour en donner à ceux qui n'avaient rien et, le soir, on était à veiller avec lui, on écoutait d'admirables chants, des prières. Étaient présents des jeunes gens de toutes les nationalités qui l'accompagnaient comme volontaires de la paix. Ils étaient là pour administrer les coopératives qui allaient se créer avec les terres obtenues auprès de propriétaires acceptant de mettre en commun pour les pauvres.

À un moment, un des jeunes gens prit la parole :

– Mais c'est incroyable ! Voilà deux hommes, Vinoba, Abbé Pierre, qui ne vous êtes jamais vus, ne parlez pas la même langue, n'avez pas la même éducation et votre pensée d'adoration a bien des diversités si vous deviez l'exprimer en paroles. Or nous sommes stupéfaits, on vient de poser une question et Abbé Pierre, vous venez de répondre exactement la même chose que ce que nous a répondu Vinoba il y a quelques jours.

Le vieillard a souri et on m'a traduit sa réponse :

– Mais c'est tout simple, c'est la preuve que Dieu Vrai, qui est Amour, est Unique.

Le chanoine Kir

Le chanoine Kir ? Certes, il était pittoresque, truculent, parfois déroutant.

Seulement, s'il était là, c'était pour autre chose que du pittoresque, mais parce que, aux heures horribles de la débâcle de l'armée française, aux jours où pratiquement tous les notables fuyaient, lui, dans sa ville, s'était porté au-devant de l'état-major nazi, déclarant se constituer otage, s'il le fallait, pour défendre le peuple abandonné.

Il fut un bon maire et un bon député. Rarement des élus furent portés par le peuple autant qu'il l'a été.

Einstein et l'explosion psychique

Quand Einstein parlait d'explosion psychique, il disait :

– Mais cela aboutira à ce que, désormais, même le plus pauvre verra fonctionner la télévision.

– Et alors, me disait-il, cela va aboutir au plus profond bouleversement. Ceux qui souffrent depuis toujours commenceront à souffrir de souffrir. Parce qu'ils sauront qu'ils souffrent, et ils sauront qu'il y a des moyens de guérir leur misère.

Ils sauront aussi que ces moyens ne sont pas utilisés parce qu'on s'en fiche.

C'est comme de l'eau qui devient vapeur : la matière est bien la même, mais on ne peut pas la toucher de la même façon.

Le Général et la nuit intérieure

Au contact de De Gaulle, j'ai plus d'une fois eu le sentiment que ses obstinations étaient le fait autant de sa conviction d'avoir à accomplir une tâche exceptionnelle et d'un devoir impossible à éluder, d'une dure victoire remportée sur quelque chose comme une profonde timidité.

Pour tout vous dire, et je ne le dis qu'avec un peu d'embarras, car c'est toucher là un peu de ces aspects les plus difficiles à évoquer des relations entre personnes, je ressentais souvent une sorte de compassion à son égard.

Je n'ai pas été (s'il en existait) de ceux pouvant être assez intimement ses proches pour l'entendre aux heures où nécessairement celui qui vit une telle existence « n'en peut plus ».

Il a dû connaître de ces moments de nuit intérieure et de la façon la plus extrême.

Mes prières pour « les autres » ont toujours été les plus passionnées lorsque je les pensais dans ces traversées de désolation où la compassion ne peut plus les rejoindre que dans cette autre voie de communion, la prière.

Il a dérouté beaucoup de personnes. Pour certains, surtout ceux qui l'avaient le plus aimé avant de l'avoir rencontré, sans le connaître, qui avaient tout risqué, leur vie, leur famille, en réponse à son appel, qui l'avaient imaginé, idéalisé, rêvé, la rencontre fut parfois un heurt dont quelques-uns sont restés irrémédiablement meurtris. Peut-être lui ne le vit pas.

Il avait une telle vénération éblouie devant « la France », et en même temps montrait souvent un regard si désabusé sur quasi chacun des Français !

L'ineffaçable rencontre de François Garbit (1910-1941)

Adolescent étonnamment doué,
« Saharien », brûlé du désir et d'exigences,
Il fut sans cesse dévoré,
Jusque pendant les plus sombres
De ses heures obscures,
Par la faim et la soif de l'Absolu

Cette vie est bien celle
Dont les tourments mêmes,
Et les tempêtes
Et les apparents détours
Font que leur témoignage se trouve davantage humain

Et proche de nous tous,
Et plus saisissant pour nos âmes,
Leur parlant
Et les portant à se donner à leur tour.

Lucie Coutaz

Sa mort fut comme avait été sa longue vie, toute grande et à la fois toute simple.

Un rafraîchissement pour l'âme

Le père Ernest vient de mourir à quatre-vingt-dix ans passés.

Ce fut toujours pour moi un rafraîchissement, un apaisement pour l'âme, de le retrouver.

Il est de ceux qui m'ont appris que « la force est patiente ».

Les états d'âme de Paul VI

Tel que j'ai connu Paul VI, lorsqu'il était à la secrétairerie d'État, lucide et anxieux, j'imagine combien sa souffrance a dû chaque jour être vive.

La connaissance même qu'il avait de tous ceux qui constituent l'administration et le gouvernement de l'Église, lui qui a passé « au Vatican » la quasi-totalité de sa vie, sachant de chacun tous ses grands et petits côtés, a dû lui être à la fois une aide et une peine déchirante.

Car il n'était pas un homme, comme insensible, à ne pas souffrir quand il avait à bousculer l'un ou l'autre.

Hommage à François

François commençait à être presque aveugle, alors il voulut chanter toute la création où il avait su lire les signes de l'Éternel Amour, et dont il avait cherché à faire que tous fassent une offrande, chant de joie et d'adoration aimante.

Les grands hommes ont-ils du cœur ?

Tant de personnes rencontrées m'ont conduit à la conviction que les grands hommes peuvent aussi avoir du cœur…

Bémol sur les rencontres

L'admiration, j'en ai soupé !

S'INSCRIRE DANS LE CŒUR DE LA NATURE

Savoir entrer dans le rythme des saisons

Observer ? Savoir planter ou ensemencer, entrer dans le rythme des saisons et mettre très tôt les enfants au contact de la nature qui leur enseigne le respect de la vie, tout cela est essentiel à l'équilibre humain.

Toutes les douceurs du clair de lune

Je suis rentré ce soir en vélo par un clair de lune, une nuit d'une poésie merveilleuse.

La lune éclairait et faisait miroiter le Rhône à travers les grands peupliers.

L'eau se parait de mille reflets argentés.

C'était féerique.

Tous les charmes subtils et méconnus de la Lône

Jésus, que la vie est bonne ! Lorsqu'un peu de paix survient dans l'âme,

Là, dans la Lône, je suis seul et je rêve.

Je suis heureux parce que je suis calme.

Assis dans une clairière, au milieu des saules, sur le tapis moelleux de sable et de fleurs, je jouis des oiseaux et des plantes.

La Lône, c'est toute la poésie de septembre chez nous.

La Lône, c'est l'étendue transparente qui reflète tout ce qui l'entoure.

La Lône, c'est le calme, c'est un miroir qui sait tout vous faire goûter : les matins brumeux et humides, les midis lourds et orageux, les crépuscules de paix, dans la brise de la nuit qui se lève, passe en vous frôlant, qui parle si doucement à l'oreille, qui chante, qui console en vous sifflant dans les cheveux.

C'est tout un rêve, c'est tout un poème que la Lône chez nous !

Lorsque, à peine tremblante, l'eau court d'un bord à l'autre entre ses digues et ses prairies, au milieu des joncs fleuris, des herbes, des algues, des fleurs, elle est belle la Lône !

Ô vent du matin qui chasses les brouillards de tes larges coups d'aile !

Ô vent, ce matin quel est ton chant !

Ton chant toujours en accord avec celui de mon âme, car chacun influence l'autre et toujours ils s'accordent, ô vent, ce matin, caresse-moi et sèche mes larmes.

Je te sens si doux là, tu me saisis par les épaules, agitant à mes côtés les pans de ma longue pèlerine, tu fais voler mes nœuds d'épaule et mon foulard, tu tournes autour de moi posant sur mon front, sur mes joues une fraîche caresse qui chasse le feu qui me dévore.

Pour aller au bois

[…] il faut s'appliquer à écouter chanter un oiseau, à regarder tout ce qui est beau, regarder un nouveau-né qui sourit.

Il faut le dire dès l'enfance, à tous les enfants. Que les enfants aident leurs parents à le faire. Eux sont bouffés par leurs soucis professionnels, politiques, leurs responsabilités.

Que, de temps en temps, les gosses se disent : « C'est à nous de les éduquer. » Il faut dire :

– Papa, on perd cet après-midi pour aller au bois.

Petit couvent de montagne

Au mot d'Assise,
Tout se retourne en moi
Car ma vie entière est enracinée
Dans un petit couvent de montagne,
Au-dessus de la ville
Où, à quinze ans,
S'est imposée à moi
L'évidence de l'Adoration.

Afin que les étoiles ne meurent pas

Cités géantes
Où règnent les forts
Où pleurent les femmes,
Cités folles
Suréquipées
Au cœur de mondes
Manquant de tout.

Terres insensées
Qui n'êtes plus des terres.
Lieux où l'homme
Ne sait plus
Ce qu'est l'homme.

Qui vous rendra vos étoiles ?
Toutes vos lueurs
Ensorcelées
Les ont tuées.

Sachez parfois tout éteindre
Pour que revivent les étoiles.

L'âme d'Assise

Si l'on veut respirer l'âme d'Assise, c'est la nuit, quand s'évapore la foule des visiteurs…

Cette nuit-là, je me réveille vers trois ou quatre heures du matin, un de mes frères dormant dans le lit d'à côté.

Je me lève doucement et je pars… sur le chemin qui monte, sans savoir où je vais. C'est le chemin de La Rocca, ces ruines qui dominent Assise.

La paix de ce matin de Pâques. Soudain, c'est l'heure de l'Angélus, les cloches de tous les campaniles se mettent à sonner à la volée et c'est l'émerveillement, l'éblouissement.

Bois-l'Abbé... en 1969

« Hier j'ai traversé Bois-l'Abbé. C'est à la sortie est de Paris, un vaste plateau. Voici quinze ans passés, avec les premiers des compagnons chiffonniers d'Emmaüs, nous y avons vécu. C'était la boue d'un immense dépotoir. »

Au milieu des pins et des palmiers

La mer…

Je me voyais seul, bien seul, pouvant songer en liberté, face à la grande nature, au milieu des pins et des palmiers, dans le vent, sur les rochers, au milieu des vagues venant mourir à mes pieds.

Je me voyais libre, libre devant Vous [il s'agit de Dieu], libre comme le jeune poulain qui voit les prés et les bois, les ruisseaux et les lacs et qui, libre de toute entrave, s'élance, crinière au vent.

Face au premier ermitage de Charles de Foucauld au Sahara

Voici que se lève un jour nouveau.
Reprenons la route, la lumière ne meurt pas.
D'aube en crépuscule, elle nous parle encore,
Douce, éblouissante et douce encore.
Elle nous parle de « l'autre lumière ».
Elle dont en nous l'aube unique s'avance
À chaque pas voulu pour aimer et servir.

Maison de famille

Me voici là, à nouveau, enfin, chez nous. Chez nous.

Le « Vieux Port ».

Que je l'aime, ce grand parc, aux coins cachés et mystérieux, aux taillis silencieux où l'on entend en paix le rossignol ou la fauvette, où l'on peut, parfois, parfaitement innocent, se surprendre à faire un vers, ou à rêver de tous ceux qu'on aime… où l'on pleure souvent…

L'âme d'Assise : quand la grotte prépare à l'action

L'après-midi, un second choc s'ajoute à celui de cette aurore.

Nous montons tous ensemble aux Carceri, ce petit couvent bâti sur des grottes, tout là-haut dans la montagne. Dans l'après-midi, seul, je prends un petit chemin derrière le couvent ; il semble ne mener nulle part. Je marche et, soudain, j'arrive tout au bout… Une très vieille porte que sans doute depuis longtemps jamais personne n'a ouverte. Je la pousse et alors, sortant de l'ombre très épaisse d'arbres, je me trouve devant la plaine inondée de soleil éblouissant.

Moi qui baigne en ce moment dans la délectation de lectures poétiques ou philosophiques « panthéisantes » – et j'éprouve un attrait pour cette espèce d'universalité –, je découvre ici, à Assise, que l'Adoration comporte cette universalité dont j'ai le besoin et que la grotte prépare l'action.

Le soleil se lève chaque matin

Trop souvent aujourd'hui nous sommes entraînés à fermer l'autre œil et à ne voir que le négatif, tellement il y en a.

Mais il faut ouvrir les deux yeux, voir le positif aussi.

Le monde a beau être épouvantable, le soleil se lève chaque matin, les étoiles sont belles toutes les nuits où il n'y a pas de nuages, les fleurs belles chaque printemps, les fiancés qui se sourient.

III

Cultiver l'amour

« La vie, c'est apprendre à aimer » est l'une des formules clés de l'œuvre et de la vie de l'Abbé Pierre.

Il s'agit d'abord de s'entendre sur le sens de ce mot, sans doute l'un des plus employés et des plus galvaudés de la planète.

Côté soleil, l'amour des beaux jours est liberté et extase ; mais la lucidité dont fait preuve l'Abbé Pierre – quel que soit le thème qu'il aborde – le conduit aussi à envisager les aspects plus complexes et moins heureux de l'amour.

Cependant, qu'il s'agisse des inévitables difficultés de l'amour conjugal ou de l'amour d'autrui, l'amour vécu dans les rires ou dans les larmes reste la valeur suprême de nos vies.

L'amour du prochain, surtout s'il appartient à la population de plus en plus grande des exclus, des démunis, des « cabossés » de la vie – pour reprendre une image chère à l'Abbé Pierre – est une priorité absolue.

D'ailleurs, il n'a eu de cesse de proclamer : « Il n'y a qu'une règle pour gagner le paradis : aimer tant qu'on en a la force, c'est tout. »

Qu'est-ce qu'aimer ?

Aimer, c'est...

Aimer, c'est être « plus moi, hors de moi ».

L'amour fait extase.

Tant qu'il se trouve quelqu'un qui peut donner, rendre un service, l'amour s'exprime.

Au terme d'un si long célibat

Si j'avais de nouveau dix-huit ans, et que je savais ce que coûte cet engagement qui nous prive de tendresse, sûrement je n'aurais pas la force de dire joyeusement oui.

Mais sachant ce que, au long des années, j'ai découvert des « tendresses de Dieu », alors oui, sûrement (regardé à nouveau comme fou par ceux qui ne savent pas encore), je dirais de tout mon être :

– Oui, avec Toi, en Toi, pour tous, oui, oui, enthousiaste…

L'extase

L'amour est extase. Il nous fait très peur, en nous sortant de nous-même.

Parlez-moi de Dieu

À quiconque demande : « Parlez-moi de Dieu », je veux donner cette simple réponse :

– Aime aimer pour de vrai, quand même cela fait mal, quand même tu n'y réussis que si imparfaitement.

Tu aimeras ton prochain…

En fait, la phrase : « Tu aimeras ton prochain comme toi-même » est évidente, elle te le dit, tu dois t'aimer.

Si tu ne t'aimes pas, et si tu dois aimer les autres comme toi-même que tu n'aimes pas, tu ne les aimeras pas.

Le rayonnement

L'amour, nous le savons, nous l'expérimentons, est diffusif de soi. Il ne consiste pas à prendre.

La vie

Si je peux transmettre une certitude à ceux qui vont mener la lutte pour mettre plus d'humanité en tout, c'est décidément, et je ne peux pas écrire autre chose : « La vie, c'est apprendre à aimer. »

La communion d'amour

Aimer : quand tu souffres, toi, qui que tu sois, j'ai mal.

Et toutes mes énergies se lèvent pour, unies aux tiennes, nous guérir ensemble de ton mal devenu mien, pour ma joie dans ta joie et ta joie dans la mienne, et nos joies ensemble au service de la vie de tous.

Le pardon

Je pose parfois cette question autour de moi :

– Qu'est-ce que c'est, pour toi, aimer ?

Je suis frappé par la fréquence avec laquelle le verbe aimer est associé au verbe pardonner.

Pardonner, c'est le don parfait, au-delà du don. C'est aussi un effort ; et l'amour donne la force de le faire.

L'alliance

Le seul moyen d'aimer pour de vrai et de sauver, dans le total respect de la dignité de ceux qu'on aime, c'est de se faire l'un des leurs, c'est de se faire proche, assez proche pour avoir vraiment mal de leur mal.

La sagesse

La sagesse, ce n'est pas être sage. Ça vient du latin *sapere* qui signifie « goûter », « savourer ».

La sagesse, c'est le don de goûter comme c'est bon d'aimer.

Liberté et amour

La liberté, c'est l'aptitude à l'amour.

Liberté et idolâtrie

La liberté est la possibilité qui t'est donnée ou d'être idolâtre de ton moi :

– Crèvent les autres, je m'en fous, ne m'importent que ma réussite, ma fortune.

Ou d'avoir cette réflexion :

– Je ne peux pas être heureux sans les autres.

Des dangers de l'idolâtrie

Toute identification à un homme, des idéaux, des valeurs, pour lesquels on veut vivre est une folle imprudence qui, tôt ou tard, laissera meurtri.

Idolâtrer qui que ce soit, c'est à lui aussi, au bout du compte, faire un grand mal.

De l'onanisme

On a bâti une morale du péché autour de l'onanisme, mais il faut relire le texte biblique tel qu'il est. Le frère d'Onan meurt. Or la loi lui fait un devoir de donner une descendance à son frère, donc de passer la nuit avec sa veuve.

Onan vient, répand sa semence comme on sait et est frappé de mort. On en a tiré la conclusion que l'onanisme était frappé de mort.

Mais ce qui est condamné, c'est qu'Onan se refuse à donner une descendance à son frère. Il s'est dérobé au devoir d'aimer…

Liberté et responsabilité

La liberté, c'est grave, cela nous rend responsable. Et c'est merveilleux, cela rend capable d'aimer. Cela fait qu'un homme comme toi, que tu aies ou que tu n'aies pas la foi, est un homme capable d'aimer. Eh bien, moi, cela me suffit. Cela valait le coup que le bon Dieu prenne le risque des vacheries que la liberté avait entraînées. S'il n'y avait pas de liberté, il n'y aurait pas de Kouchner. Parce que ce n'est pas sous la menace que tu t'en vas faire ce que tu fais, c'est librement.

L'AMOUR CONJUGAL

L'amour conjugal, je n'en ai pas fait l'expérience…

Il peut être une passion très sincère mais s'il n'y a pas, à mesure que le temps passe, de ces petits riens qui l'entretiennent, comme la bonté, la compréhension, l'attention au goût de l'autre, il peut s'éteindre, car trop souvent on croit faire le bonheur de l'être aimé en décidant pour lui ; on ne le respecte pas.

Du concubinage

Je connais des prêtres qui vivent en concubinage avec une femme qu'ils aiment depuis des années et qui acceptent bien cette situation. Ils continuent par Dieu, cherchent Dieu.

Le sachant ou non, nous courons après toutes sortes de satisfactions qui ne seront toujours que partielles car la satisfaction plénière ne pourra venir que dans la rencontre avec l'Éternel. C'est ce qui fonde l'espérance chrétienne.

Certes on peut vivre sur terre des moments de plénitude : mais ce ne sont que des moments qui laisseront vite la place à d'autres moments où la communion sera moins forte, où on ressentira de l'insatisfaction.

Le volontaire renoncement à la tendresse

Ce qui, tout au long de ma vie, sûrement m'a coûté le plus, c'est le volontaire renoncement à la tendresse. Ce renoncement sans lequel il serait bien difficile de vivre heureux dans la chasteté du célibat librement choisi non comme en négation ou mésestime, parmi les plénitudes de la vie humaine, de cette plénitude que peut avoir la vie conjugale, mais pour, comme dans une impatience, être, autant que le peut la faiblesse humaine, être, de toutes ses énergies, tendu vers ce que Jésus appelle le Royaume de Dieu, dans la communion à Dieu, vécue dans la communion à tous les frères et sœurs humains, et d'abord les plus délaissés, oubliés.

Vœu

De mes trois engagements de prêtre – pauvreté, chasteté, obéissance –, celui qui m'a le plus coûté est la chasteté. La pauvreté monastique est frugale. On n'avait rien d'inutile, mais on ne manquait de rien. On ne s'inquiétait pas du lendemain.

L'obéissance : il n'est jamais arrivé qu'on me commande quelque chose que je ne voulais pas. Je n'ai aucun mérite.

Le renoncement à la tendresse d'une femme se veut de transférer vers le spirituel et l'Amour infini les amours humains ; de cela, j'ai éprouvé une souffrance constante, quotidienne, toute ma vie.

Restrictions

Dans les unions les meilleures, les plus heureuses, chacun voit bien qu'il ne peut donner entièrement le plus intime de lui-même, ni l'atteindre, ni le recevoir de l'autre. Cependant, c'est merveille.

Quand on se retrouve seul dans sa chambre

Bien sûr, je suis touché par tant de sollicitude, ça fait du bien d'être aimé, on ne peut pas s'en plaindre.

Mais, après ces manifestations flatteuses, quand on se retrouve seul, dans sa chambre le soir, seul devant sa glace, seul face à soi-même, on se sent las d'être si faible.

Cette privation volontaire de tendresse

Ce fut, certes, très imparfaitement vécu mais jamais rejeté. Comme pour toute privation dont on souffre, il y eut, à mesure que cela était éprouvé douloureusement, des moments où je rêvais cette sorte de joie vécue par les époux, comme une merveille humaine au-dessus de toute autre. Et puis, au long des jours, dans la confidence reçue de beaucoup, j'apprenais à savoir que, en aucune vie décidée à chercher la rencontre du Parfait Amour, cette tendresse, dont la faim crie en nous, n'emplit le cœur autant qu'on le désire.

Confidences

J'ai senti que, pour être pleinement satisfait, le désir sexuel a besoin de s'exprimer dans une relation amoureuse, tendre, confiante.

Or une telle relation m'était fermée par mon choix de vie. Je ne pouvais dès lors que rendre des femmes malheureuses et être moi-même tiraillé entre deux choix de vie inconciliables.

L'AMITIÉ

Savoir regarder et sourire

Faisons que tous puissent
Et donner et recevoir
Et d'abord ce premier partage :
« Un regard ami. Un sourire ami. »

Dans les pointillés d'une amitié céleste

Des hommes peuvent agir de façon inverse au nom de mêmes valeurs.

Des amis peuvent devenir ennemis.

Quand De Gaulle a écrit son livre sur les armes blindées, Pétain s'y est opposé. Ils ont rompu probablement à ce moment. Ils avaient pourtant été intimes à tel point que l'amiral Philippe de Gaulle a eu un dénommé Philippe Pétain pour parrain à son baptême.

On raconte que, quand De Gaulle était colonel au régiment de Nancy, la ville dont j'ai été député, Pétain était présent un jour de 14 Juillet ou d'une autre fête de ce genre. Au moment où le colonel de Gaulle passait en tête de son régiment, Pétain a tourné le dos pour regarder la mairie derrière lui. De tels rapports ont eu lieu entre deux hommes qui partaient d'une même doctrine, la défense de la patrie.

Les alliés

Croire en la vie, c'est croire en d'autres.

Pas tous les autres, mais si l'on prend ses responsabilités face à la vie, on se fait des alliés.

Les amis

Seule l'amitié est réalité. Celle qui consiste à poursuivre ensemble, dans un humble respect mutuel, l'effort pour accomplir les bonnes et difficiles tâches nécessaires.

Promesse

[Promesse post mortem à François Garbit, ami intime de jeunesse mort en 1941 en Syrie]

François... Je poursuivrai ces confidences où nos âmes d'adolescents puis d'hommes s'entraidèrent si fort pour conduire cette promesse de nos pas sur les chemins qui montent, au service de la plus grande lumière et au plus grand amour...

Les amis et les alliés

On a raconté que, lors d'un conseil des ministres, le ministre des Affaires étrangères d'alors ayant parlé des nations « amies de la France », De Gaulle interrompit pour dire :

– Une grande nation, monsieur le ministre, a des alliés, non des amis.

C'était ce son d'airain qui résonnait plus souvent autour de lui que la musique des délassements.

Amitiés

Être ami sans être idolâtre, combien rares sont ceux qui réussissent !

La force de l'amitié

– Oui, François, j'espère que tu comprends le prix que j'attache à ton soutien.

Tu m'entoures, tu me consoles, tu m'aimes…

Tu m'apprends à aimer.

Quand l'amitié est réelle

Le prochain qui vient, qui frappe et qui dit : « Est-ce qu'il y a une place pour moi ? » nous ne savons pas qui il est, nous ne savons pas quelle est son opinion, nous ne savons pas s'il est croyant ou non… Nous le voyons, jeune ou vieux… Nous ne savons pas s'il a de l'instruction – parmi nous, beaucoup ont eu de l'instruction, ont fait de hautes études, puis le malheur les a frappés. Est-ce quelqu'un qui sait à peine lire ? Nous ne savons pas… Nous ne savons qu'une chose : il est quelqu'un qui a souffert et qui va trouver là ce dont il a besoin : la dignité – par le travail, il gagne le pain qu'il mange –, et l'amitié avec des compagnons. Ce n'est pas le paradis, ce ne sont pas des anges, mais l'amitié réelle, en dépit de la surprise que cela provoque, fait que c'est possible que cela existe et que cela dure.

IV

Pratiquer la solidarité

Accommodé à bien des sauces, le terme de solidarité a parfois perdu et de sa teneur et de sa grandeur.

Employé par l'Abbé Pierre, il claque comme une bannière au vent et rassemble, depuis des décennies, des énergies provenant parfois d'horizons fort divers.

Nul ne saurait être heureux seul et chacun devrait, en permanence, se situer par rapport à tous les autres ; si nous appliquons tous la règle d'or « jamais sans les autres », il y aura dans l'univers « une place pour tous » et les sociétés sonneront le glas de l'exclusion.

Pratiquer une solidarité efficace, telle fut la démarche du fondateur d'Emmaüs. Les compagnons des communautés de France et ceux des quarante et une communautés du monde entier savent bien, eux, quel est le sens profond et unique du mot solidarité…

Jamais sans les autres

Que vive la solidarité

Ce qu'il faut revendiquer, ce n'est pas l'égalité qui est illusoire.

De la naissance à la mort il y a inégalité : quand l'enfant naît, le père et la mère sont forts et il est faible ; et quand il sera devenu fort, ses parents seront devenus faibles.

Ce qui est nécessaire à la vie même, c'est la solidarité.

« Porter les fardeaux des uns et des autres »

C'est une certitude que nous ne pouvons jamais être réellement heureux que dans le bonheur des autres ! Et que la joie intérieure de chaque communauté d'humains n'existe, ne grandit et ne dure que dans l'effort accompli ensemble pour « porter les fardeaux les uns des autres », soucieux tous du bonheur de tous, c'est-à-dire tenant sans cesse nos regards portés d'abord vers le service premier des plus faibles ou plus souffrants.

L'enfer, c'est soi-même coupé des autres

« L'enfer, c'est les autres », écrivait Sartre. Je suis intimement convaincu du contraire. L'enfer, c'est soi-même coupé des autres.

De Socrate à Jésus

Socrate, Bouddha, Épictète, Jésus et bien d'autres ont ainsi cherché à réveiller l'homme de sa torpeur, à lui faire quitter l'illusion, à l'éveiller à la nécessité du salut.

Place aux délaissés

À l'heure de notre sortie
Des ombres du monde
Tout se consacre à lutter
Pour que trouvent leur place
Les plus faibles,
Les plus délaissés.

Nul ne se suffit à lui-même

Le mal, à mes yeux, c'est en grande partie de croire orgueilleusement qu'on se suffit à soi-même.

C'est le sentiment de sa propre suffisance et le mépris de l'autre poussés jusqu'à l'absurdité. Scandale de la vie bafouée, du gaspillage, de l'indifférence aux vieillards et aux pauvres, aux affamés, aux sans-travail, aux exclus de toutes sortes...

Tout cela est notre responsabilité et notre problème, pas ceux de Dieu.

Hommes d'une seule et même terre

Nulle société (et plus que jamais en ces temps d'industrie) ne saurait trouver son harmonie hors d'un effort réciproque des uns et des autres pour mener de front les luttes pour plus d'humanité en tout, c'est-à-dire à la fois pour plus de sécurité, de dignité et d'épanouissement, autant des vies rurales que des vies urbaines.

Nous sommes tous hommes d'une seule et même terre.

Qu'elle est aberrante l'attitude de ceux qui croient se grandir en affectant de s'éloigner de celle-ci davantage !

UNE PLACE POUR TOUS DANS LE MONDE

Le double don de la récupération

Quand tu jettes le bout de ferraille, tu jettes l'homme !

Quand tu récupères le bout de ferraille, tu crois en l'homme qui l'a extrait de la gadoue.

Des raisons de vivre

Je sais l'accablement que beaucoup ressentent aujourd'hui.

Autant que de quoi vivre, ils ont besoin de raisons de vivre.

Mais sans doute croient-ils en quelque chose. Sinon, pourquoi vivre ?

Comme moi, ils croient en l'homme

Appel de 1954

Il faut que, ce soir même, dans toutes les villes de France, dans chaque quartier de Paris, des pancartes s'accrochent sous une lumière, dans la nuit, à la porte des lieux où il y aura couvertures, paille, soupe, et sur lesquelles on lira sous le titre « Amour fraternel de dépannage » ces simples mots :

Toi qui souffres, qui que tu sois,
Entre alors manger.
Reprends espoir.
Ici on t'aime.

Nul ne devrait être « de trop »

Jamais un enfant ne devrait entendre dire qu'il n'a pas d'avenir ; jamais aucune femme, aucun homme ne devrait être « de trop ».

Si, aujourd'hui, il y a des hommes et des femmes « de trop » c'est parce qu'on se conduit comme des crétins ; comme si, ayant soixante litres de bon vin, on voulait à tout prix les faire tenir dans une bonbonne de cinquante litres... On s'étonne ensuite que ça déborde... Eh oui, ça déborde ! Et même ça crache et ça salit.

Tant qu'on n'aura pas compris que les dix litres ne sont pas « de trop », tant qu'on n'aura pas fabriqué la deuxième bonbonne pour les contenir, il y aura, chaque hiver, le « scandale des sans-logis » et chaque été « la violence des banlieues ».

Exit l'ordre du monde !

Plus que jamais sûrement, dans l'époque qui depuis peu a commencé où soudain apparaît la fragilité de ce que, aveugles ou hypocrites, nous appelions l'ordre du monde, sont nécessaires des lieux et des communautés de personnes prouvant, par les actes avant que ce soit par les mots, que sont possibles d'autres relations humaines, pour d'autres forces de joie, dans d'autres partages.

[Légende d'une photographie en date du 28 juin 1953 alors qu'à l'occasion de la Saint-Pierre toute la communauté s'était réunie pour une grande journée de fête, extrait de l'Abbé Pierre, *Mes images de bonheur, de misère et d'amour*.]

La loi évangélique

La loi évangélique est aussi la loi essentielle de la vie sociale.

Elle dit : « Je ne suis pas un homme heureux si j'accepte d'être tranquillement heureux alors que d'autres sont dans le malheur. »

« À quoi rime d'être heureux sans les autres ? »

Pour être sûr de ne pas rater sa vie, trois choses suffisent : d'abord regarder de quoi les autres ont mal, puis pourquoi les autres ont mal, et après ce regard courageux savoir écouter le silence.

Le silence qui peut faire venir en nous la pensée : « À quoi rime d'être heureux sans les autres ? »

Ode aux chiffonniers de l'Itinérante

Vous, tous les chiffonniers, qui ramassez,
Qui videz les caves et les greniers,
Qui triez,
Qui préparez pour revendre,
Qui fouillez les gadoues,
En vous se sauvegarde
Et se réapprend
Et se maintient l'espoir le plus profond,
Le sens premier de l'idéal d'Emmaüs.

Nous sommes condamnés à la coopération

Ceux que l'on croyait pouvoir ignorer sont comme une ombre qui pèse sur tout.

Devant cet écroulement des illusions, nous sommes condamnés à la coopération, à la négociation ; nous sommes condamnés à regarder dans sa totalité ce globe humain désormais si rapetissé.

Le service premier des plus souffrants

Mettons en nos esprits et nos volontés les vives « inquiétudes créatrices » d'où dépendent les actes qu'exige notre dignité humaine et qui, dans « le service premier des plus souffrants », feront avancer notre marche à tous à la rencontre de l'Éternel qui est Amour.

Que viennent des moines nouveaux !

Pour sauver le monde d'aujourd'hui, il faut des moines nouveaux ; les gueux sont la multitude qui attend la venue de l'Amour…

Une poignée d'hommes au cœur d'enfant, venus avec les moines parmi les gueux pour en refaire des hommes, jettera le défi à la société tout entière.

AGIR POUR AUTRUI

Bienheureux les pauvres de cœur

« Bienheureux les pauvres de cœur ».

Le pauvre de cœur ne veut pas dire celui qui n'a pas le sou, celui qui est mendiant ; il peut être chef d'État, il peut être responsable d'énormes industries.

Le pauvre de cœur, c'est celui qui ne peut pas supporter de se voir heureux sans les autres. Là où il est, quel que soit le privilège de fortune, de pouvoir qui lui échoit, il est constamment à se demander : « Et les autres ? » Il s'interroge chaque jour pour savoir s'il a usé de ses pouvoirs pour le service en premier des plus faibles, des plus souffrants.

La première des béatitudes est au présent : « Bienheureux les pauvres de cœur, le Royaume des cieux est à eux. »

Souffrances

Il faut souffrir du mal des autres pour agir.

Avoir souffert rend tellement plus perméable à la souffrance des autres.

Participer à la peine des autres

L'unique fondement sûr de l'intelligence, pour l'homme d'action, est la participation à la peine de ceux qui souffrent et qui désespèrent.

De la nécessité du partage

Il ne faut pas se lasser de le répéter : dans une société, tant que la hiérarchie légitime est conçue en partant d'en haut, il ne pourra jamais être possible de servir tout le monde. Au contraire, si on commence par assurer le minimum nécessaire pour une vie humaine, pour la réalisation d'un destin d'homme à chaque famille humaine qui travaille, il y aura toujours de quoi assurer le bien-être de toute la hiérarchie.

L'amour est don

Ce siècle, plus qu'aucun autre, depuis longtemps, attend son saint François d'Assise pour lui rappeler, en acte, que la vie l'emporte sur l'argent, et que l'amour est don avant d'être emprise. Ce n'est qu'alors que reprendront leur sens et que deviendront réalité les mots « joie » et « paix ».

L'aventure des chiffonniers de l'Itinérante – Emmaüs

En ces temps-là, Pierre dit à Paul :

– Maintenant que tu sais quelle est leur peine, maintenant que tu connais le vrai visage de la misère, prends tes hardes et va-t'en. Choisis tes hommes. Emmène-les de par le monde et crie à tous que le malheur est proche, que demain il sera trop tard.

Gérer les relations conflictuelles avec autrui

Mais quand il faut protéger les faibles, comment faire sans parfois faire mal ? Après, tant qu'on peut, il faut tenter de retrouver celui que l'on n'a pas pu ne pas faire souffrir. Bien des fois, et c'est merveilleux, il dit :

– Tu devais faire cela.

Et tout revit.

Parfois, c'est autrement, et cela reste si lourd à vivre. Comme une longue nuit, auprès d'un malade où pourtant on s'obstine à espérer, mais où l'on se sent comme coupable d'avoir échoué jusqu'alors.

Vagabond

J'ai voué le meilleur et le tout de mon Cœur à tous les vagabonds du monde.

Le vagabond, le bougre, il n'y a bien que celui-là qui a gardé sa noblesse.

Il faut passer la vie en vagabondant.

Le besoin qu'ont les autres en moi

Le plus merveilleux fondement de l'espérance, c'est que d'autres ont besoin de moi et que je ne peux me passer ni de leur aide ni de leur besoin, car c'est le fait qu'ils aient besoin de moi qui me les rend précieux.

Sourire

Un sourire coûte moins cher que l'électricité… et donne autant de lumière.

Transmettre

En vieillissant, peu à peu, on prend conscience d'un devoir. D'abord on résiste, parce que cela semble présomptueux… et puis revient avec insistance, au-dedans de soi, une voix qui dit :

– Avant de nous quitter, dis-nous ce que tu sais.

Justices, nationale et internationale

Notre message à tous, le message d'Emmaüs : affirmer que le premier fondement de la paix est la justice, justice internationale et justice sociale, qui ne sauraient s'accomplir sans que quelques-uns aient assez d'amour pour participer volontairement à la condition de ceux qui souffrent le plus.

Risque

Faire son métier d'homme, c'est à certains moments prendre le risque de s'exposer, d'être en partie dépossédé de soi-même par des détresses qui nous entourent.

Afin d'éviter la colère des hommes et la colère de Dieu…

Il faut finir de payer les constructions.

Il faut nourrir, chauffer, vêtir les nouveaux arrivants, s'outiller pour assurer du travail à tous.

Il faut prêter aux familles qui bâtissent.

Il faut trouver de nouveaux terrains, des matériaux.

Il faut de l'argent…

Mais, plus que tout, il faut des hommes résolus à se donner à cette vie, pour un temps ou pour toujours.

Crédibilité

Pour être crédible avec des pauvres sur des choses sacrées, il faut leur ressembler, et pour être crédible avec les riches, il ne faut pas leur ressembler.

D'autres partages

Nous serons contraints à d'autres partages internationaux. Il y a des *boat people* entre Tanger et Gibraltar, déjà. En Afrique du Nord, la natalité galope, et ils ont des terres arides, sans fleuves, tout près d'une Europe fertile que Bruxelles conseille de laisser en friche.

Giscard a, un jour, parlé d'invasion. Nous n'en sommes pas encore là, mais nos fils la subiront sûrement.

Donner

L'on ne possède pas un bien parce que l'on est capable d'en jouir mais si l'on est capable de le donner.

Qui sait en jouir et ne sait le donner en est non le possesseur mais le possédé.

Il y a sur la terre, hélas, plus de possédés que de possesseurs.

Aider

L'aide humanitaire, c'est agir et témoigner.

D'abord une affaire d'homme à homme, de femme à enfant perdu, de jeune à vieillard isolé, de retraité à chômeur désespéré.

D'humain à humain…

Au nom de tous les mendiants

C'est vrai, il faudrait avoir le temps de s'asseoir à côté de celui qui mendie.

Mais combien d'entre nous disposent de ce temps ?

Argent contre amour

Avec tout l'argent du monde, on ne fait pas des hommes mais, avec des hommes qui aiment, on fait tout.

Sourire

Le plus important, ce n'est pas de donner 10 francs dans la rue.

C'est de regarder celui qui souffre avec un sourire.

Pour qu'il voie qu'on l'a vu, lui qui est invisible.

EMMAÜS ET L'ESPRIT D'EMMAÜS

La vocation d'Emmaüs…

Tout entière enracinée dans l'Évangile, est de transformer le monde au nom de la valeur sacrée ou la charité chrétienne.

Les débuts d'Emmaüs

Tous les soirs, jusqu'à deux, trois heures du matin, on parcourait les rues et on découvrait tous les jours un plus grand nombre de ces gens désespérés.

Tous les jours, un plus grand nombre, parce que plus le froid s'aggravait, plus nombreux étaient ceux qui, réfugiés d'ordinaire dans des caves, des greniers, des hangars sans feu, disjoints, sentaient le froid ou la mort les saisir, et se levaient pour taper les semelles plutôt que de périr inertes.

L'image de marque des compagnons

Les compagnons d'Emmaüs sont chiffonniers et récupérateurs de notre société d'abondance et de gaspillage (un peu trop considérés comme des éboueurs). Voilà pour leur image de marque que connaît le public.

Mais pourtant, ces hommes sont autre chose : communautaires, c'est-à-dire ayant choisi de vivre ensemble.

Leur travail n'est qu'un moyen afin de servir en premier les plus souffrants.

Servir

Servir avant soi qui est moins heureux que soi.
Servir en premier le plus souffrant.

Hommage aux compagnons

Dans leurs poches vides
Ils n'avaient que leurs mains
Mais ils les ont tendues
Non dans un geste timide de demande
Mais dans l'affirmation de leur mission.

Tant que tu auras la volonté de sourire

Je me rappelle un de nos compagnons qui avait travaillé très longtemps avec nous. Cet homme devenait aveugle. Il se désespérait :

– Je ne pourrai plus servir.

J'ai dit :

– Tant que tu auras la volonté de sourire à celui qui t'apporte ta soupe, tu auras encore servi à quelque chose !

L'engagement des compagnons

Chacun se doit d'être disponible à fond, sans restriction.

Les chiffonniers dignes de ce nom sont toujours mobilisés…

Les grandes règles des communautés d'Emmaüs

On a trois règles : on travaille, on refuse les subventions de nourriture, on partage et on donne.

Si ça te plaît, tu es le bienvenu.

Ça ne te plaît plus, bonne chance. Voilà, c'est tout. On ne te demande pas si tu vas à la messe.

Emmaüs pour les jeunes

À Emmaüs, on trouve réellement et vitalement à l'œuvre les sentiments profonds et les désirs très vifs de solidarité et d'universalité qui hantent aujourd'hui la plupart des jeunes. Il y a, à la fois, le témoignage d'une vie et d'un travail en communauté, le désir d'aider à construire une société juste, et la lutte contre la guerre, la faim, la misère et l'oppression.

L'argent libre

L'argent produit par la récupération de ce qui est rejeté par la collectivité est l'argent le plus libre qui puisse exister au monde.

La richesse d'Emmaüs

Je pense qu'une des richesses d'un mouvement comme celui-là, c'est de vouloir vivre ensemble.

On ne demande jamais à un nouveau qui arrive :

– D'où viens-tu ? Quel est ton passé ?

Et même s'il veut commencer à en parler, je conseille au responsable de dire :

– Va dormir, va manger, va t'habiller, va te laver, etc., on causera plus tard.

Parce que, dans la première émotion, celui qui ne sait plus où il va aller risque d'embellir les choses ou de les aggraver, de les déformer, et après il sera prisonnier de ce qui n'aurait pas été tout à fait la vérité. On attend que l'amitié soit née. Quand l'amitié sera née, au bout de quelques semaines de travail ensemble, alors il y a une probabilité que ce qu'il dira de ses difficultés sera la vérité.

Le message du fondateur

Les communautés durent depuis quarante ans, alors qu'en toute bonne logique il y a tout ce qu'il faut pour que cela se casse la gueule tous les jours !

C'est, comme toute rationalité, une espèce d'énigme, mais cela répond à un besoin, alors je vous dis :

– Continuez ! Soyez vous-même, car ce monde a absolument besoin que vous existiez.

Injonction aux compagnons

Votre générosité est immense.
Prenez-vous par la main
Et sortez de votre pays si parfaitement organisé
Pour aller porter,
Non en Maîtres,
Mais en frères,
Votre force

Et votre bonne volonté au milieu de ceux qui souffrent,
Pour leur donner confiance, les entraîner avec vous
Et les aider à prendre eux-mêmes en main leur destin.

Emmaüs et l'ouverture

Le mouvement Emmaüs n'est pas du tout confessionnel : il n'y a pas que des chrétiens, il n'y a pas que des catholiques.

La signification au sacrifice

Le temps du petit troupeau fraternel qui respirait si facilement d'une même âme est révolu.

La nostalgie en est douloureuse, parfois quasi intolérable.

Mais à la source, dans son âme primitive, se lit son avenir.

Pour toujours réapprendre à la société la signification du sacrifice, du sacrifice volontaire et gratuit, de l'héroïsme et même du don de sa vie.

Emmaüs est un arbre

J'aime comparer Emmaüs à un arbre.

Dans un arbre, il y a un tronc, il n'y en a qu'un, mais regardez les racines, il n'y en a pas deux pareilles ; et ce sont ces racines invisibles dans l'ordure, le fumier, la boue, avec leur diversité, qui sont la source de la vitalité.

Regardez les branches, il n'y en a pas deux pareilles ; elles procèdent d'un tronc unique avec leur diversité. Une des choses qui doivent rester d'une journée comme aujourd'hui, c'est que tant de fois je vous ai répété que nous soyons capables de nous estimer les uns les autres dans nos diversités.

L'âme fondamentale d'Emmaüs

Le mouvement Emmaüs, dans son âme fondamentale, consiste dans la rencontre de quelques personnes que l'on pourrait considérer comme se trouvant privilégiées parmi les heureux, avec quelques personnes parmi les malheureux, et si malheureux qu'ils sont désespérés, qui, portant leurs regards vers d'autres détresses, décident ensemble d'unir leurs efforts, pour, immédiatement, secourir ces détresses extérieures.

La triple mission fondamentale d'Emmaüs

Accueillir
Travailler
Servir

Emmaüs et la souffrance des hommes

Emmaüs est né d'une réponse à la souffrance.
Ne plus laisser seul celui qui souffre.

Pour cela, il est essentiel de se mettre ensemble et ainsi d'être plus forts.

Là, naît la joie unique, celle que l'on découvre lorsqu'on donne tout pour guérir du désespoir ceux qui sont « de trop » dans l'humanité.

Cette joie, c'est la réalité la plus importante de notre vie, et qu'on expérimente même quand on n'en peut plus.

En fait, c'est à ce moment-là la rencontre avec Dieu.

Sous les déboires, les diamants

Rien de brillant, mille déboires.

Et pourtant ceci est parfait : ensemble, on peine pour que d'autres aient moins de peine.

On ne sauve pas en donnant, mais on sauve en s'unissant avec celui qui était perdu, pour, ensemble, en sauver d'autres.

Le rôle profond d'Emmaüs

Pour Emmaüs, ce n'est pas tant l'aspect matériel qui compte. L'influence sur la vie intime et la façon de penser et d'agir de ceux qui y ont participé, l'occasion pour les jeunes de découvrir des valeurs qui leur serviront à orienter leur vie dans une société en crise, c'est aussi important que de donner à manger à ceux qui ont faim.

Jours de joie

J'ai connu des jours de joie merveilleux au milieu des communautés. En France, au Chili, au Japon ou en Uruguay.

Quand le pavillon Saint-François devint Emmaüs…

Quand je choisis ce nom, j'ignorais ce qui allait se vivre là, et combien ce baptême était bien choisi. Une prédestination…

Dans ces premières années de l'après-guerre, le monde et la jeunesse découvraient les camps de concentration nazis, les horreurs, les épouvantables images de l'effet des bombes atomiques sur Hiroshima et Nagasaki. On doutait de tout.

J'avais relu l'Évangile d'Emmaüs, et il me semblait que ce nom même nous désignait le chemin de la difficile, mais sûre espérance…

Je pris un morceau de planche, un pinceau et j'accrochai « Emmaüs » à la grille de notre auberge…

Objectif

Faire des « cabossés de la vie », des exclus, des marginaux, des sans-abri, « un homme debout » qui peut regarder, le chapeau sur la tête, n'importe qui, parce qu'il a gagné le pain qu'il mange.

Emmaüs doit vivre !

« Je peux mourir demain mais Emmaüs doit vivre, et devenir majeur. » Je vous laisse Emmaüs, il me reste assez : l'Éternel !

L'éminente vertu de la patience

Il nous faut du renfort…
Patience… patience de tout.
Patience de nous-même et de nos frères,
Patience de nos impatiences et de leurs impatiences,
Patience non pas lâche et passive, mais
Patience vivante d'apprentis de la vie,
D'apprentis de la joie.

Le corps des compagnons c'est…

Des réalistes, prêts à se vouer, chevaleresques, tout entiers au service du plus souffrant.

Quelques mystiques extrémistes, excessifs de l'Amour, prêts, eux, non seulement à servir ces plus souffrants, mais à s'identifier à leur condition.

Ces brigands un jour sauvés demain sauveurs des autres.

Les compagnons sont…

Sauveurs d'eux-mêmes parce que sauveurs des autres.

L'incapacité que le monde jette à leur figure

Celui qui ne sait pas mesurer, pas peser, dès qu'il s'aperçoit qu'il n'est pas capable, qu'il est con, il est malheureux.

Mais quand il peut travailler sans toucher cette limite, sans se heurter à cette barre, c'est un homme, un manœuvre aussi digne que n'importe qui.

Le monde lui jette à la figure son incapacité et ne lui promet que malheur.

À Emmaüs, au contraire, ils prouvent de quoi ils sont capables…

Paroles d'accueil aux compagnons arrivants

On ne veut pas savoir ton passé
Que tu viennes du bagne ou du séminaire
Cela ne nous intéresse pas.

Invitation communautaire

Entre, on a besoin de toi. Du boulot, il n'en manque pas : la cuisine, la lingerie, la chine, le tri des bouteilles, le vieux papier, le bois, la ferraille.

Qu'est-ce qu'une communauté ?

Parmi nous il y a plus que des hommes et des frères : on travaille, on aime vivre ensemble, on lutte et on ne regarde qu'une chose : est-ce qu'il est bon copain ou embêtant ? Loyal ou chapardeur ? Fainéant ou travailleur ? C'est là-dessus qu'on juge chacun, quel que soit son passé.

Emmaüs et le mouvement ouvrier

La réalité la plus élémentaire de la nature humaine et de la société, celle qui gît tout au fond, dans la nudité : une humanité infra-sociale, inorganisée.

Ce qui distingue Emmaüs du mouvement ouvrier, qui est par définition le mouvement du prolétariat organisé, une force unie, intégrée dans le corps social, apte à entrer dans ce corps.

À Emmaüs, nous partons d'une humanité en poussière, d'êtres pulvérisés, d'un néant individuel. Une humanité absolument démunie qui doit d'abord retrouver un minimum de solidarité, pour que son salut se fasse.

Le rôle d'Emmaüs

Il ne s'agit certes pas de me substituer au gouvernement, mais de jouer ce rôle de la puce qui gratte l'administration, qui l'oblige à secouer, à agir.

Spécificités d'Emmaüs

Non seulement on n'est pas un asile parce qu'on gagne son pain, on n'est pas une œuvre – des personnes dévouées d'un côté, des assistés de l'autre –, parce qu'on vit en communauté, mais, en plus, on n'est pas une affaire, une entreprise quelconque.

Bien sûr, on veut des résultats, on veut faire de belles choses, avec autant d'ambition que n'importe quelle entreprise, mais on est un *business* spécial car, chez nous, le jour où on se met à faire le calcul, l'inventaire, le bilan, nos bénéfices se mesurent au nombre de copains malheureux qu'on a pu accueillir, au nombre de familles désespérées qu'on a pu sauver.

C'est ça, nos bénéfices.

C'est ça, notre orgueil.

C'est ça, notre richesse, c'est ça, notre fierté.

Nous continuerons.

Il y a tellement, immensément, à faire...

Ils sont si nombreux, en France et dans le monde, qui attendent qu'on leur tende la main, qui attendent de retrouver une espérance, une joie, une raison de vivre comme nous la trouvons chez nous.

Emmaüs : mise au point

Emmaüs ne sera jamais une œuvre de charité !

À Emmaüs, on ne donne pas, on demande, on exige de l'homme.

Le luxe des compagnons

On veut faire des bénéfices, le plus possible
En organisant toujours mieux notre travail
Pour pouvoir nous payer le luxe,
Nous, pauvres types,
Nous, les exclus,
Les marginaux…
Nous payer le luxe,
Avec notre bénéfice,
De devenir donateurs,
De sauver ceux dont la société se fiche.

La leçon d'Emmaüs

La plus précieuse leçon que j'aie reçue à Emmaüs : l'égalitarisme abstrait dont on peut parler, comme d'une revendication des pauvres, ils savent bien que c'est une farce.

Ce que ceux qui souffrent réclament, c'est l'honnêteté.

La récupération des hommes broyés

Emmaüs, c'est un peu la brouette, les pelles et les pioches avant les bannières. Une espèce de carburant social à base de récupération d'hommes broyés. Tout le mouvement réside dans cette idée : on est sauvé lorsqu'on est devenu sauveur.

Les limites de la charité d'autrefois

Le pauvre n'accepte plus la charité au sens classique du mot.

Il faut s'identifier à lui sinon il est blessé, car il ne sait pas son « éminente dignité » et c'est là qu'Emmaüs est de notre temps.

V

Privilégier la réflexion

Une solide formation classique, un goût prononcé pour l'étude, la passion de la lecture et de l'écriture, l'habitude heureuse de l'adoration ou de la méditation et de la prière conduisent tout naturellement l'Abbé Pierre à accorder une juste place à la réflexion, au sens le plus large du terme.

Bien qu'il se soit publiquement fort peu exprimé sur ce thème, par pudeur, par indulgence ou pour de tout autres raisons, l'Abbé Pierre ne manque certainement pas de déplorer, en son for intérieur, que la place accordée à la réflexion par la majorité de nos contemporains demeure beaucoup trop souvent réduite à la portion congrue.

Agitation fatale de la vie moderne, désir d'échapper aux divers stress de l'existence quotidienne toutes les fois que c'est possible, besoin de s'évader d'un univers au cœur duquel pèsent de lourdes angoisses concernant l'avenir par des moyens faciles et apparemment efficaces, autant de raisons qui laissent peu de place à l'exercice de la pensée.

Il y a pourtant bel et bien urgence à réfléchir, nécessité de lire et de méditer sur des lectures de qualité qui offrent un réel contenu. Cette nécessité est aussi vitale que celle qui consiste à s'inscrire dans l'espérance afin de construire, pour tous et dès à présent, un monde sinon parfait du moins meilleur.

Urgence de la réflexion

Nécessité de la réflexion

La raison du monde, le rôle de tout être humain, c'est de faire la preuve que le monde n'est pas sans raison.

L'abondance des éternelles questions

Aujourd'hui les questions :
Qui sommes-nous ?
D'où venons-nous ?
Où allons-nous ?
n'ont plus de réponses toutes faites. La pratique d'habitude est morte. D'autant plus passionnée et personnelle est pour chaque humain la recherche.

L'existence des vraies questions

Venger Dieu car ce n'est pas vrai qu'il est dominateur, ce n'est pas vrai qu'il est responsable des malheurs du monde.

Pourquoi tant d'imperfections, de malheurs ?

Nous pouvons nous poser mille questions : pourquoi tant d'imperfections, de malheurs ?

Si nous avons cette certitude que l'Éternel est Amour, que nous sommes aimés, que nous sommes libres pour pouvoir répondre à l'Amour par de l'amour, tout le reste, ce n'est que des quand même !

Nuées, même lorsque vous devenez cruelles tempêtes, vous ne pourrez jamais faire nier le soleil.

Gérer la pratique du jeûne

Le jeûne (et cela peut être un objet très important d'analyse pour les psychologues et les guides spirituels), le jeûne vécu pour un but précis, et si l'on porte en soi une réelle animation spirituelle, devient une sorte de fascination à laquelle on ne se soustrait pas sans effort.

Qu'est-ce que c'est, la loi naturelle ?

Dès qu'on légifère, il faut savoir si le critère est : servir en premier le plus souffrant, ou servir en premier le plus fort.

Quand j'entends certains évoquer la loi naturelle, cela me met en colère.

Mais qu'est-ce que c'est, la loi naturelle ? C'est que le gros bouffe le petit.

Comment définir une civilisation ?

Une civilisation se définit finalement par la considération qu'elle accorde à l'homme en tant qu'homme.

Et la loi ? Et la légalité ?

J'aimerais définir cette idée d'illégalité, c'est-à-dire le caractère sacré de la légalité et sa relativité. Dans toute société, il y a des manières d'être qui deviennent des règles, des lois. Mais telle loi, totalement justifiée quand elle est adoptée, peut, sous le coup d'événements imprévisibles, devenir radicalement illégale. Du moins en regard de ce que j'appelle la Loi des lois ; à ce moment-là, on se soumet ou on se révolte.

La légalité a tendance à établir et conserver l'ordre : que les pauvres restent pauvres et les bourgeois bourgeois.

Quel rôle pour le prophète ?

Le prophète n'a pas à se préparer à gouverner.

Il n'est pas quelque leader d'une opposition.

Il doit inquiéter aussi bien les oppositions que les pouvoirs en place.

Malheur quand les rares forces d'opposition prophétiques deviennent politiciennes.

Et la gloire de Dieu ?

Comment peux-tu, maintenant que toi, comme nous, tu connais tout des horreurs du monde, au milieu de ses merveilles, comment peux-tu dire gloire à Dieu, gloire à Dieu pour la beauté des étoiles, pour la beauté des fleurs, pour tant de merveilles ?

Croyant quand même ?

Oui, comment s'expliquer qu'il soit possible d'être « croyant quand même », alors que les moyens de communication, d'information universelle, aujourd'hui nous font voir l'horreur du monde, en même temps que ses splendeurs ?

Mais l'horreur de l'injustice des victimes innocentes écrasées !

Comment est-ce possible d'être « croyant quand même » ?

Penser l'infini

La raison ne nous permet pas d'imaginer ce qu'est l'infini.

Notre cerveau n'est pas à la mesure. On peut l'approcher par l'amour. Un mécanisme au-delà de la raison qui consiste non pas à capter une image, à la prendre pour se l'approprier, mais à se donner.

Être plus hors de soi, c'est sortir de ses limites.

Là, on peut rencontrer l'infini.

La marque de Dieu

La marque de Dieu, tout homme la porte en lui comme un creux, une soif d'amour illimitée.

L'oubli et le pardon

Je retiens de mon enfance un chant très fort de la guerre de 14. Il disait : « Pardonnez mais n'oubliez jamais. »

Pardonner, oui. Parce que nous ne savons jamais quel est le degré de culpabilité.

À quel point Hitler n'était pas un fou ? Nous n'en savons rien. Prenons des précautions pour que cela ne recommence pas. Le pardon, oui. Mais n'oubliez pas.

Et pour ne pas oublier, il faut faire savoir à son tour.

Pour faire savoir, il ne faut pas accepter d'oublier.

Saisir l'insaisissable et l'éternel

À vouloir écouter la musique avec les yeux ou respirer les couleurs ou entendre les parfums, on peut sincèrement enseigner que n'existent ni musique, ni couleur, ni parfum.

Mais on se trompe ! Le microscope ne saisit pas l'Éternel ! Ni rien ne le saisit… Mais celui qui dit « non » à l'injustice… mais celui qui va, par « vrai amour », à rebours de tout profit pour que soit servi en premier le plus petit…

Dans la saveur inexprimable qui jaillit en lui, il sait bien que l'Éternel insaisissable le saisit, et, minuscule étincelle de liberté, juste assez pour être capable d'aimer, il sait bien que, dans ce commencement d'amour, il est aimé par l'Aimable infini, dont tout en lui était autant signe, en creux, qu'impatientes faim et soif.

Le procès de l'Éternel

Quand j'étais gosse, on nous parlait des pays tropicaux, équatoriaux, et ça faisait rêver.

Aujourd'hui, on sait combien on y souffre. Alors, devant cette connaissance de tout, éclate comme une sorte de procès, le procès de l'Éternel.

La philosophie du penseur communiste

En sa philosophie, le penseur communiste, légitimement en révolte contre certaines traditionnelles présentations du devoir religieux défiguré, figé dans la crainte (sur quoi se sont toujours tant appuyés les États conservateurs), exulte d'avoir découvert le mouvement de tout, l'évolution, le devenir, et s'aveugle au point de ne plus connaître de sacré que dans ce devenir. Mais vers quoi ? Se le demande-t-il ?

Les limites de l'économie robotisée

L'économie robotisée crée des chômeurs, on le sait. Mais on sait aussi qu'on ne reviendra pas en arrière.

Il va falloir inventer une société nouvelle.

Une humanité qui ait pour but de vivre et non pas seulement de produire.

Aux enfants de l'Europe et du monde de l'inventer ! Ce ne sera pas drôle ! Mais souvenez-vous que nous avons dû reconstruire l'Europe en ruine. Ça n'a pas été marrant non plus.

Le double péril des biens matériels ou des périls immédiats

L'homme porte en lui une aspiration à l'infini, à l'éternité, à l'absolu, et il vit dans le fini, le temps, le relatif.

Il est fondamentalement, ontologiquement, insatisfait. S'il n'en prend pas conscience, il reporte ses aspirations les plus profondes dans le domaine de l'avoir : il est sans cesse en quête de biens matériels et de plaisirs immédiats qui ne pourront jamais le combler.

Il sera alors éternellement insatisfait car il se trompe sur la nature du véritable bien.

S'il n'est pas lucide, il peut aussi se mentir à lui-même et vivre dans l'illusion d'être comblé ou de pouvoir le devenir par des moyens erronés.

Mais n'est-ce pas cesser d'être homme que de se sentir satisfait ?

S'humaniser dans ses pensées

La barbarie menace l'humanité. Elle est en elle. Nous l'avons vue à l'œuvre avec l'holocauste. Le crime contre l'humanité, le crime absolu, provoque l'effroi parce que du sacré a été touché.

Il serait lâche – et dangereux – de vouloir échapper à l'effroi en oubliant.

Oublier, c'est tricher. Tricher avec l'histoire, tricher avec soi-même.

L'holocauste rend plus aiguë que jamais l'obligation de s'efforcer d'être humain, humanisé dans ses actes et dans ses pensées. On pourrait être atterré par l'ampleur de la tâche. Car, où que l'on tourne son regard, on ne voit que des atrocités. Et on ne sait pas quoi faire.

Le tyrannicide

Le tyrannicide a toujours été admis par la morale chrétienne. Saint Thomas d'Aquin l'admet dans sa *Somme théologique*.

Le pardon

Il n'existe, il ne peut exister qu'un mal désespérant, c'est de douter du pardon.

La dignité

Quand on s'indigne, il convient de se demander si l'on est digne.

L'école

L'école n'est pas faite seulement pour enseigner ce que sont les choses mais pour ouvrir les esprits.

L'espérance

L'espérance est intimement liée au sens de la vie.

Si l'existence ne mène nulle part, si elle doit seulement conduire à ce trou dans la terre où l'on met ce peu de matière qui va se décomposer, à quoi bon vivre ?

Le vrai sens des mots

Il faut parler continuellement de l'usure des mots qui touchent au sacré, à l'absolu.

Ces mots essentiels s'usent « terriblement ».

Le mot « Amour » évoquera pour les uns la prostitution et ses trafics et pour d'autres Mère Teresa, n'est-ce pas ?

Les mots importants ont besoin d'être circonscrits et commentés.

Le raisonnable

Le raisonnable face à l'excès ne peut suffire.

Les garde-fous de la modestie

Plus on avance dans la connaissance, plus on est modeste.

Ceux qui savent très peu peuvent être grisés parce qu'ils ont appris à lire et à compter.

Plus on sait, plus on se protège de l'orgueil.

TOUS LES BIENFAITS DE LA LECTURE ET DE LA PENSÉE

Lire et juger

Hier soir, j'ai trop lu Drumont ; c'est fort remarquable, mais quand on vient de lire la petite sœur Thérèse, et puis saint François d'Assise, vraiment c'est peu, et c'est froid et c'est mauvais.

L'empreinte de Renan et de Psichari

Ma jeunesse, comme celle de beaucoup de mon âge, a été profondément marquée par celle d'un jeune homme, Psichari.

Son grand-père, Ernest Renan, était au sommet de toutes les gloires humaines. Académicien, il avait été croyant, avant, à travers ses livres, de semer le doute.

À vingt ans, Psichari a tenté de se suicider. Sauvé au dernier instant, il rompit avec tout et partit au Sahara. Là, une nuit, il tomba à genoux et, dit-il dans ses livres *(Le Voyage du Centurion, Les voix qui crient dans le désert)* : « Du fond des âges surgit dans mon cœur, plus fort que les dires du “grand grand-père” : Notre Père qui êtes aux Cieux… »

Il avait aussi écrit cette phrase : « Non, ce n'est pas vrai que la vraie route soit celle qui ne mène nulle part ! » C'était un peu avant 1914. Dans les premiers jours de la Première Guerre mondiale, il tombait, comme Péguy.

Vive Descartes !

L'année précédente, à la suite de complications après une opération d'appendicite, j'étais resté couché pendant des mois. J'avais commencé à dévorer tous les livres qui me tombaient sous la main.

Un beau jour, n'ayant plus rien à lire, j'ai pris – je vois encore le volume – les œuvres de Descartes. Et, gosse de treize ans, j'en suis venu à la lecture du *Discours de la méthode*. Je suis resté subjugué, ébloui, par la « règle des dénombrements entiers », cette règle de rationalité radicale…

Est-ce que la soudaine table rase en moi ne fut pas l'aboutissement du cheminement souterrain, inconscient, de cette découverte du goût enivrant de la « raison », m'amenant soudain à cette exigence de remise en question d'une foi reçue et non vérifiée rigoureusement, en moi ?

Bien sûr alors, ébloui par la logique cartésienne, ce n'était que de confrontation avec la raison seule que je me trouvais avide. Et cette naïveté ne devait pas tarder à être dépassée. Je me suis mis à dévorer tout ce que je pouvais trouver de lecture philosophique…

Quand la poésie est viatique…

Et bientôt, en même temps parce que la froide logique des penseurs me laissait toujours insatisfait, je commençais à dévorer les poètes symbolistes.

J'ai retrouvé, il y a peu, une sorte d'étude que j'avais alors écrite sur la poésie moderne depuis la fin du XXe siècle.

Souvent malade, il arrivait que l'on me dispensât des études du soir au collège. Au printemps, j'allais lire sous les marronniers de la place Bellecour, après avoir plus ou moins bâclé mes devoirs.

C'est alors que je m'aperçus, au long de ces lectures, que m'attirait de plus en plus tout ce que je rencontrais de pensée panthéistique. Une sorte de fascination…

Pour le bouddhisme

Le bouddhisme m'a fait méditer plus profondément sur la question du désir.

Aller vers la suppression du désir, c'est d'une certaine manière réduire la vie, la limiter.

Je ne crois pas, comme le Bouddha, que le désir soit en soi un obstacle au progrès spirituel.

Je crois qu'il faut savoir orienter ses désirs. Se laisser posséder par eux peut en effet être très néfaste.

Mais être maître de soi et orienter librement son désir vers ce qui nous fait grandir, vers ce qui est beau, bon, ce qui est noble, fait partie de la croissance spirituelle.

Le monde de la Bible

La Bible est vraiment tout un monde.

Il y a des parties historiques, des parties mythiques qui expriment des choses que ressentaient ceux qui ont écrit à ce moment-là, avec des passages qui sont des splendeurs, et des récits d'horreur parfois attribués à Dieu…

À travers tout cela, ce qui reste est la continuité de l'affirmation de : il n'y a pas « des » dieux. Il ne peut y avoir deux infinis, donc l'Éternel est sans limites dans le temps. Et là où il n'y a pas de limites dans le temps, il n'y a de limites en rien, il n'y a pas de limites d'espace.

Lire saint Anselme

Saint Anselme, dans un livre intitulé *Cur deus homo – Pourquoi Dieu s'est-il fait homme ?–*, met ceci dans la bouche d'un moine :

– La gravité d'une offense ne se mesure pas à l'importance de celui qui crache sur le roi mais à l'importance de celui qui est offensé.

Par le péché, l'offense allant à la Perfection Infinie, il y a une gravité infinie, même si le petit homme qui blasphème est minuscule. Pour qu'il y ait réparation – d'après le droit féodal de son temps – il faut que celui qui vient présenter des excuses soit d'un rang égal à celui de l'offensé.

Nous nous sommes trompés sur l'Éternel

Nous l'avons caricaturé à notre image humaine.

Parce que quand l'homme est puissant, il est dominateur, alors on nous fait penser que l'Éternel, puisqu'il est tout-puissant, est dominateur. S'il était cela, mais… il serait à condamner…

La vérité, c'est de comprendre que l'Éternel, parce qu'il est amour, est le contraire du tout-puissant dominateur.

Le partage présuppose l'honnêteté

Qui partage ? Il y a deux interprétations. Si tu en vois un qui n'a pas de quoi manger, tu partages ton pain, bien sûr, et tu apportes les petites aides que tu peux donner.

Mais le vrai partage est de faire ton boulot.

Que tu sois à un degré très élevé ou très modeste de la société, peu importe. Mais sois de cette honnêteté du cordonnier qui répare bien les souliers ou de l'avocat qui défend bien ses clients.

Le partage présuppose l'honnêteté.

Le prophète d'aujourd'hui…

… est celui qui voit loin et avertit, qui témoigne d'une vérité encore cachée.

Penser Emmaüs

Buron apporte sur cela, dans l'un des volumes de ses *Carnets politiques*, sa réflexion d'homme d'État et de compagnon à la base.

Il m'avait aidé, quelques nuits, à relever et conduire à l'abri les gens agonisant de froid. Puis il m'a entouré de ses conseils et de sa fraternité, au milieu d'embûches que souvent je ne voyais pas.

Un sociologue argentin, en juillet 1976, a présenté sur ce sujet une longue thèse de doctorat à l'École des hautes études en sciences sociales de Paris, sous la direction du professeur Henri Desroches, sous le titre : « Emmaüs et l'Abbé Pierre. Mythe, utopie et emprise charismatique. »

Il a fondé, voici vingt ans, Emmaüs en Argentine. Il parle donc de réalités qu'il connaît. Son travail m'a beaucoup appris. Il reste pourtant dans les limites de toute analyse de sociologue.

Il me semble, en le lisant, voir présenter une abeille, en pièces détachées, bien démontée, sans rien oublier de ce qui la compose. Seulement cela ne dit guère sa vie, son miel ; ou comment elle pique, et comment elle meurt !

De la pensée à l'action : construire un monde meilleur

De l'action à l'idée

Chez moi ce ne sont pas les idées qui suscitent l'action.

Les actions s'accumulent : une puis deux, puis cinq, et il arrive un moment où ça devient une idée, une pensée claire.

L'intégrisme et la misère

L'intégrisme est un refuge pour la misère parce qu'il offre un sursaut d'espérance à ceux qui n'ont rien. Que leur mal disparaisse et l'intégrisme perdra ses troupes.

Vaincre l'absurde

Là même où l'absurde
Semble la seule fin de tout,
L'absurde est en vérité vaincu
Parce que son horreur même
Fait monter au cœur des hommes
Une autre grandeur d'amour.

Ne pas différer l'action

On ne peut pas, sous prétexte qu'il est impossible de tout faire en un jour, ne rien faire du tout !

Appels

Les larmes des vieux et des gosses,
Et des pères et des mères sans toit
Ou sans pain, ou sans travail, ou sans soins
De chez nous
Et de toute la terre
N'appellent-elles pas identiquement
De même qu'appelle
Cet Éternel que nous disons aimer ?

Réfléchir sur le racisme

Le racisme nous habite tous. Mais quand l'autre, l'étranger, est pauvre, la relation avec lui est encore plus difficile.

Il y a trop de souffrances, sourdes, mais tragiques, sur ces visages si las. Que de fois n'entend-on pas : « Que font-ils là ? Qu'ils retournent chez eux ! »

Ce qu'ils font, c'est lutter, avec souvent des privations incroyables pour nos cœurs d'enfants gâtés, pour que, au loin, une épouse, des gosses, de vieux parents, tout simplement puissent manger, se vêtir et vivre.

Ils ne sont nullement des saints plus parfaits que le reste des hommes mais ils donnent au moins cet exemple-là, l'immense majeure partie d'entre eux, l'exemple du farouche accomplissement du premier des devoirs : mettre ses forces au service de tout le groupe des plus faibles, qui est leur parenté.

Simplicité

La simplicité ne peut exister que dans le vrai.

L'excuse de la perfection

Il ne faut pas attendre d'être parfait pour commencer quelque chose de bien.

VI

Accorder une place à la vie spirituelle

La condamnation de la société qui, par tous les moyens et artifices possibles, incite les plus fragiles d'entre nous à consommer toujours davantage est un des fers de lance de l'Abbé Pierre.

Dieu a-t-il, pour ceci comme pour d'autres dysfonctionnements, « mis le remède à côté du mal », comme l'affirme une croyance populaire ? Toujours est-il que la récupération entreprise par les compagnons d'Emmaüs du monde entier offre une sorte de remède – relatif, certes, mais qui a au moins le mérite d'exister – au mal. Pour rester dans la veine des expressions populaires, on dira que tout ce qui est recyclé et revendu par les communautés non seulement fait vivre les compagnons et leur permet de faire des dons, mais encore « n'est pas perdu pour tout le monde ».

Mais, aux mirages fallacieux de cette société de consommation, qui inscrit les existences dans le superficiel, le matériel, la mode et l'éphémère, s'oppose naturellement tout ce qui a trait à la vie spirituelle. Il s'agit là de prendre du recul face au concret, d'élever son esprit, de cultiver la réflexion et de prendre le risque de grimper sur les sentiers qui conduisent vers l'abstrait et parfois même sur les cimes du sacré. Privilégier l'âme, l'esprit, la vie intérieure, prendre l'habitude de la méditation et de la contemplation, c'est à coup sûr s'approcher d'une certaine idée de perfection.

Durant toute son existence, l'Abbé Pierre n'a cessé d'insister sur l'importance de la vie spirituelle ; pour autant il n'a jamais prétendu que les voies en étaient simples.

Chercher, s'interroger, prendre honnêtement, lucidement la pleine mesure de ses doutes afin de mieux les gérer, s'appliquer à comprendre le monde tel qu'il est et tel qu'il évolue, dans toute sa complexité, sont des démarches qui demandent un réel investissement de la part de ceux et de celles qui refusent de se laisser dépasser par les événements et de glisser leur vie durant à la surface des choses.

L'essence même de la vie spirituelle, saisie dans une optique religieuse, c'est croire et réfléchir à la fois, c'est pratiquer l'adoration. Mais c'est aussi prier. Autant d'étapes de la spiritualité familières à l'Abbé Pierre.

Et ces prières et ces méditations que nous offre l'Abbé Pierre ne peuvent qu'enrichir celui, celle qui les découvre.

De l'importance de la vie spirituelle

La plus essentielle définition de l'homme

Celui qui peut persévérer dans l'amour, un amour vrai, capable de veiller à la joie autant qu'au pain, celui qui peut persévérer dans cet amour ou se convertir pour y revenir, voilà bien la plus essentielle définition de l'Homme.

Le plus splendide idéal

Obéissance, libre, raisonnée, aimante. N'est-ce pas là le plus splendide idéal auquel une nature humaine puisse tendre ?

Foi

Selon l'étymologie latine, la foi est l'adhésion de l'esprit sous l'impulsion de la volonté. Rien à voir avec la conclusion d'un raisonnement ou avec un devoir lié à la peur du péché ou du diable.

La foi est un appel à la liberté d'aimer.

C'est un acte d'amour.

L'espérance apostolique

Oui, depuis que je crois de façon réellement personnelle, une espérance est en moi et il faut nécessairement l'appeler espérance apostolique, espérance qui me saisit dans la vue (en tous ceux qui ne sont pas adorateurs de Dieu, connu aimant), de cette universalité de la remise finale d'eux-mêmes au Tout, Innommé, mais auquel il faut bien que chacun se fie assez puisqu'il consent à vivre.

Espérance en moi en voyant que tous sont, d'une façon ou d'une autre, dans cette soif du Tout, et de l'Un, et du Toujours, cette soif qui crie au cœur de tous et dont, je suis certain, à l'expérience de ma vie, qu'elle est pour être comblée.

Espérance apostolique, c'est-à-dire espoir de pouvoir devenir, dans quelque mesure, coopérateur de cette recherche, porteur de signe pour aider à la réussite de la venue de la multitude jusqu'à la source où cette soif est étanchée, à la rencontre de l'Appelé, de l'attendu, mal connu et tant aimé, le Non-Trompeur, le Non-Décevant, le Sans-Illusion enfin reconnu, celui qui, Être, est Amour et devient notre Amour.

Qu'est-ce que la sérénité ?

La sérénité, c'est l'acceptation de soi-même et de ce qui est.

La vie spirituelle offre ce rayonnement.

Qu'est-ce que le christianisme ?

Le christianisme, c'est une rencontre de personne à personne.

C'est l'Évangile qui continue. Ce n'est pas autre chose.

De la solitude

Et alors, il y a des moments où j'éprouve un besoin de solitude, comme pendant la guerre, où j'ai été vivre devant le glacier de la Meige.

J'ai passé une semaine de solitude à chercher comment résoudre un de ces cas de conscience que posait le Résistance.

J'ai besoin de trois jours d'isolement par mois, cela fait partie d'une espèce d'hygiène. Je peux aussi vivre sans, j'ai passé des années sans les avoir.

J'ai vécu ensuite huit ans au monastère de Saint-Wandrille où je pratiquais cette discipline. Je rejoignais ainsi, à soixante-six ans, ce que j'avais connu à vingt ans. Maintenant que je suis dans l'obligation d'être ici [il s'agit de la maison de retraite d'Esteville en Normandie, dans le cimetière de laquelle l'Abbé Pierre a été inhumé], je suis parfaitement heureux, enfant gâté, privilégié, mais je me dis que ce serait trop bête de me couper de cette possibilité. Alors j'en viens à envisager cette solitude ici. Je barre trois jours sur mon agenda, et cette porte étant fermée, je suis comme dans un ermitage.

Jésus à travers saint François

À force d'interroger Jésus à travers saint François, je commence à sentir qu'aimer « c'est être ensemble avec tout », comme saint François quand il crie : « L'amour n'est pas aimé. »

Oui, la faute, la seule, c'est de ne pas aimer assez, de méconnaître la mesure de l'amour de Dieu, de se cantonner dans les petits égoïsmes, les joies approximatives, les illusoires parcelles de bonheur…

Et, par une coïncidence extraordinaire, c'est vers cette même époque, peu après cet envahissement de moi par la personne de saint François, qu'un point final, pour ainsi dire, de tant de recherches […] va survenir.

L'absolu est l'infini

L'infini ne peut être partiel : on ne peut pas être infini par rapport au temps et pas par rapport aux autres dimensions.

L'infini est un absolu. Or nous l'atteignons sur ce plan, sur le plan du temps.

Retrouver le sens de l'Éternel

Mon angoisse, c'est la conviction, la prescience que l'humanité va inéluctablement à sa perte si elle ne se remet pas en question, si elle ne retrouve pas d'urgence le sens de l'Éternel et son corollaire, l'exigence de l'Amour.

Les larmes et la gloire de l'Éternel

Les fleurs ou les étoiles ne pleurent pas
Il y a trop de larmes d'innocents, de gosses
De vieux abandonnés, d'affamés.
Toutes ces larmes insultent
La gloire de l'Éternel que tu veux chanter.
Toutes ces larmes éteignent la beauté des étoiles.

Le pain, le spirituel et les autres

Qui donc a dit : « La lutte pour mon pain, ce peut être du matérialisme ; la lutte pour le pain des autres, c'est déjà du spiritualisme » ?

L'arrêt dans la méditation mystique

Il manque dans l'esprit de ces hommes qui prétendent régir, à côté de l'arrêt dans l'activité pour la méditation politique, l'arrêt dans la méditation mystique.

Et c'est ainsi que l'œuvre des saints, qui savaient se donner cela, a duré, durera infiniment plus que celle des César, Bonaparte, Metternich. Ce qui manque à ces derniers, tout faits de l'esprit du monde, c'est l'esprit de Dieu.

« Puisque l'être est »

La liberté, c'est l'aptitude à l'amour.

Tant qu'on n'a pas compris cela, il y a sûrement d'autres chemins, mais on ne peut pas approcher de l'Être.

Commençons par clarifier des notions. Puisque l'Être est – tu es, je suis, la table est – et que nous ne sommes que passagers, s'il y avait eu un instant où il n'y aurait eu ni Être, ni cause d'être, à tout jamais rien ne serait.

Or puisque l'Être est – nous sommes – c'est que l'Être est sans limites.

Les livres et le crucifix

Saint Thomas nous dit : « J'en ai plus appris au pied du crucifix que dans tous les livres. » Je n'en suis pas encore là…

De l'essence de la vertu

Saint Thomas l'affirme, un seul acte héroïque suffit pour nous faire acquérir une vertu.

Et que faut-il pour qu'un acte soit héroïque ? Qu'il coûte beaucoup.

Heures rares

Ma vie, désormais, c'est faire des heures d'amour : heures de méditation, heures de repos, heures d'emploi, heures d'étude, heures d'office, de récréation... toutes heures, heures d'Amour.

« O ens etiam estro »

Après ma première année, quand j'ai quitté le noviciat de Saint-Étienne, la coutume était d'épingler une image au dos de laquelle on écrivait quelque chose de ce que l'on avait expérimenté.

J'avais écrit, en latin, *o es etiam esto* : « Toi qui es, oui, sois. »

Dialogue avec l'ange gardien

Il y a quelque temps, j'ai redécouvert le dialogue avec l'ange gardien. Oui, ce fameux ange gardien qui, pour moi, avait complètement disparu depuis le temps du catéchisme.

En deux circonstances, sans que j'y voie un lien quelconque de cause à effet, après l'appel à l'ange gardien est venue la solution.

Certes, quand les solutions nous viennent à l'esprit, c'est qu'on les cherchait depuis longtemps, mais pourquoi sont-elles venues à ce moment-là ? Je n'en sais rien.

Et moi qui n'ai aucune image de Dieu, j'ai retrouvé l'émerveillement que j'avais éprouvé, à quatorze ans, devant celle des anges musiciens peints par Melozzo da Forli. Ils sont à la pinacothèque du Vatican. Soixante-dix ans plus tard, comme je viens d'en trouver une reproduction, je l'ai collée là, sur la porte de ma chambre d'Esteville.

Fonder

Je suis certain que si je n'avais pas eu ces sept ans de désert fermé, m'obligeant à méditer, à approfondir, je suis certain que devant les malheurs, les souffrances qui sont arrivés devant moi, je n'aurais pas été capable de prendre les initiatives qui ont fondé Emmaüs.

Plaidoyer pour les contemplatifs

Les contemplatifs peuvent sembler inutiles.

En réalité, aux moments les plus dramatiques de la vie spirituelle intérieure ou collective du monde entier, ils sont comme des glaciers. Rien en eux n'est inerte. Tout craque de tous côtés ? Ça ne cesse de vivre.

C'est de sous le glacier que jaillissent les torrents qui font de nos fleuves et nos eaux les plus purs.

Ils sont le sel de la terre… Nous sommes la soupe… Et la soupe sans sel, ça ne va pas !…

Qu'est-ce que la joie ?

Cette joie qui naît de Dieu est une chose unique, indicible.

La joie, c'est, je crois bien, la déchirure en plein orage d'un nuage sombre, au travers de laquelle rayonne l'azur lumineux et paisible.

La joie, c'est comme l'étoile unique qui brille en une triste nuit, parfois quelques secondes, dans la cavalcade des masses de nuées.

La joie, c'est le Paradis pressenti par quelque palpitation spéciale que nous révèle Dieu l'espace d'un instant.

La joie, c'est quelque chose de la paix du cœur, quelque chose aussi de l'Amour de don. Ce n'est rien, je crois du plaisir de l'action, ce n'est rien non plus d'intellectuel.

C'est une spiritualisation. C'est l'oubli de la terre. Ce n'est rien de violent, ce n'est rien de grand. C'est minime et discret, ça ne fleurit que dans le recueillement, ça n'éclôt que dans la pureté.

La perception de l'adorable

Si je n'avais pas eu ce temps de désert de vie au monastère de Crest, ces sept années de renoncement permanent dans l'amour, la perception de l'adorable, je n'aurais pu traverser ma vie ultérieure imprévisible sans être cassé, brisé…

Credo

J'ai souvent un papier devant les yeux sur lequel est écrit : « Toi est nous, tous à Toi. »

La tendresse de Dieu

J'ai parlé de « la tendresse de Dieu » venant vers nous à mesure que nous découvrons le coût des engagements que nous avons pris d'abord en ne sachant presque pas.

Cette « tendresse de Dieu », elle ne vient pas seulement à celles ou ceux qui font des vœux, elle vient de mille manières à la rencontre de quiconque se met en quête du plus Parfait possible.

Ces « tendresses de Dieu », elles sont lumière, elles sont force. N'ayons ni peur ni illusion. Même si, souvent, nous trouvons qu'elles tardent, elles viennent à temps pour que nous puissions ne pas renoncer à notre marche. Elles sont claires… et pourtant souvent nocturnes.

Certitudes spirituelles

Dire ce que l'on sait… On s'aperçoit, quand on veut essayer, que cela se ramène à un très petit nombre de certitudes.

Pour moi, il y en a trois : l'Éternel est Amour *quand même*, nous sommes aimés *quand même*, et nous sommes libres *quand même*. Ah ! Si je réussissais à communiquer ces trois certitudes !

Quand spiritualité et poésie se mêlent

Il nous faut garder les yeux ouverts sur la majesté de la nuit où brillent les étoiles, sur la grandeur du glacier, sur la beauté d'une œuvre d'art ; il faut, un jour, avoir été ébloui par la splendeur du monde, ne plus pouvoir se passer de ces moments prodigieux, savoir les retrouver et s'en souvenir.

Acceptons humblement ce qui nous dépasse

Ayez la sagesse d'accepter humblement ce qui nous dépasse.

Pascal a dit des choses très profondes sur les ombres et les lumières de la foi : une face assez lumineuse pour qu'on puisse raisonnablement être amené à croire, une face suffisamment obscure pour qu'on ne soit pas obligé de croire.

Vocation

La possession, la seule, l'unique,
La possession de l'esprit,
La possession de l'âme,
La possession du Verbe,
La possession de Dieu.

Le Verbe, la parole

L'amour, par sa propre nature, est diffusif de soi.

L'amour ne peut pas s'exprimer.

Mais un artiste qui pourrait exprimer intégralement tout, dans une seule œuvre, n'en ferait pas deux.

Or, l'Éternel étant sans limites, s'il se dit, peut se dire infiniment. C'est ce que nous appelons le Verbe, la parole. Et la parole est unique, car dans l'absolu, il n'y a pas besoin de deux fois se dire.

CHERCHER, S'INTERROGER, TENTER À TOUT PRIX DE COMPRENDRE

Interrogation

Depuis ma décision d'entrer dans la vie monastique, j'ai peu connu le doute, mais ma vie n'a pas cessé d'être une interrogation.

À cet instant même, cinquante interrogations sont devant moi et me font dire : « Mon Dieu, je ne comprends pas. »

Pourquoi, mon Dieu ?

Est-il possible que ce soit pour rien
Que tant de douleur emplisse ce monde ?

Nous n'avons pas de réponses.
Et la foi ne rend que plus énorme l'interpellation :
« Puisque inconnu est Amour, qu'attend-il ? »
Oui, le « Pourquoi » nous reste inconnu.

« Qui n'a jamais su sonder son âme ? »

Qu'il est difficile de se comprendre soi-même ! Une âme, quel abîme ! Lorsqu'on s'y penche pour y lire quelque chose, on ne voit qu'une image, toujours la même. C'est un Dieu qui apparaît au travers.

Une âme ! Qui a jamais su sonder une âme ?

Connaître Dieu

Tu pourrais connaître toute la science des bibliothèques du monde entier sur Dieu, tu aurais des idées de Dieu. Tu n'en aurais aucune connaissance.

Rencontrer Dieu

La foi… Je crois qu'il n'y a pas deux êtres humains qui aient rencontré Dieu de la même manière. C'est, absolument, comme pour toute rencontre d'Amour ; c'est, pour les uns depuis leur naissance, depuis leur berceau, depuis la prière en famille.

Pour d'autres, venant d'horizons complètement différents, il arrive un moment où, sans explication, à proprement parler, c'est la Rencontre et c'est l'Amour.

Pourquoi va-t-on au désert ?

Pour moi, qui y ai déjà vécu trois mois, c'est à la fois pour la solitude dans l'immensité, pour un regard sur soi-même, minuscule et fragile, et pour cette sorte d'aspiration par ce vide vers une adoration, une faim d'adoration multipliée mille fois.

Ayant connu le Sahara des sables et des oasis de Ben Abbès, je choisis d'aller là où fut tué le père de Foucauld, à Tamanrasset, à 2 800 mètres d'altitude : l'Assekrem, où il ne vécut que quelques mois.

Tourments intérieurs d'adolescence

Tu es chrétien et tu te prépares à engager toute ta vie selon cette foi.

Mais si tu étais musulman, agnostique ou bouddhiste tu t'engagerais tout autrement…

Qu'est-ce qui t'assure que tu ne te trompes pas ?

Une recherche tourmentée

J'étais vide ! Je ne savais plus où j'en étais.

Dès ce jour je menai une recherche tourmentée, je n'ai jamais cessé de travailler à comprendre, au-delà de toute affirmation reçue.

Trouver un sens à la vie

Je comprends la détresse des jeunes. Ils voient des adultes qui ont perdu le sens de la vie. Ils ne reçoivent d'eux que des incertitudes.

Rencontrer la présence de l'Éternel

Et n'oublions pas l'Éternel.

La science est, certes, merveilleuse,

Mais elle n'a pas de réponse à tout.

Dans son expérience intérieure, la personne humaine peut rencontrer la présence de l'Éternel.

Dans son livre, *Le Hasard et la Nécessité*, Jacques Monod nous éclairait sur « le comment » de toute chose.

Mais après ? Ou plutôt avant ?

Je veux dire : sur « l'Être » de ce tout, le livre est aveugle !

Peut-on vraiment saisir l'Éternel à force de grossir la petitesse des atomes, comme les astronautes enfantins riant de ne l'avoir pas vu dans la démesure de l'espace ?

De la désillusion

La désillusion est le commencement de la vraie vie.

On devient un homme quand on sort des illusions pour entrer dans le réel.

C'est vrai en toutes circonstances : éducation, mariage, charité.

Entre absurde et mystère

Un jour, je parlais avec un grand homme d'État péruvien agnostique. Et je lui disais :

– Mon ami, vous n'avez de choix qu'entre l'absurde et le mystère.

Le démon

On sait très mal ce qu'est le démon.

Aucune des explications qui nous en ont été données n'a été trouvée dans la Bible.

Nous pouvons par moments l'éprouver, mais nous n'en avons pas plus d'explication. La première a été de dire : « En péchant, en se détournant de l'amour, l'homme s'est donné au diable, et Dieu est venu racheter l'homme. »

C'est une pensée absurde, insupportable, d'imaginer le bien se donnant au mal.

Chasteté, mutilation et sublimation

Il y a, il y a toujours eu, des hommes appelés intérieurement au célibat et qui vivent la chasteté non comme une mutilation mais comme une sublimation.

Du célibat des prêtres

En continuant d'imposer le célibat aux prêtres, l'Église commet une grave erreur.

Outre le fait qu'elle se prive de nombreuses vocations réelles et indispensables, elle invoque une règle qui n'est ni constante dans l'histoire ni même dans l'Évangile.

Les vies cloîtrées et l'immensité des glaciers

« À quoi bon être moine ? N'est-elle pas un peu égoïste, cette vie monastique ?

En un temps où tant de prêtres seraient nécessaires partout, à quoi servent les vies contemplatives, les vies cloîtrées ? »

Ils ont raison, ceux qui se posent cette question, vous et sans doute souvent autour de vous. Elle ne doit pas rester sans réponse.

J'ai peut-être dix-huit ans lorsque, comme en une sorte de parabole, un très illustre savant de l'époque et qui ose (ce qui n'est pas alors fréquent parmi les savants) affirmer sa foi, Pierre Termier, géologue, particulièrement compétent dans la connaissance de la très haute montagne, me fait percevoir la réponse à cette interrogation, réponse grave et ouvrant vers l'indicible.

– Quoi, disait-il, de plus inutile, stérile, inemployé que l'immensité d'étendue et de masse des glaciers ? Oui, mais sans eux, sans leur présence, sans leur incessante action, d'eux apparemment inertes, la vie de longtemps aurait péri dans les plaines et les vallées !

Dans la fièvre des activités des multitudes agitées, l'air s'emplit de mille miasmes à la longue mortels et, en même temps, voici que l'air s'échauffe.

Alors, par l'ordre de la nature, cette atmosphère, de plus en plus chaude et intoxicante, s'élève, et voici qu'au contact des cimes glacées et, croit-on, muettes, elle se recrée, se purifie, et rafraîchie et neuve, à nouveau, elle redescend pour faire vivre.

Qu'est-ce que la sainteté ?

La sainteté, c'est cela, mettre sa bonne volonté – boiteuse, encore une fois, fragile, mais tendue, rebondissant indéfiniment – à bien faire ce que l'on a à faire.

Qu'est-ce que l'esprit ?

Les théologiens ont péniblement inventé le mot faussement arithmétique, glacial, de « Trinité » alors que c'est le Brasier de joie et d'énergie incessantes.

Le Père ne peut pas ne pas être en adoration devant la perfection infinie qu'il voit dans le Fils.

Le Fils ne peut pas ne pas être en adoration devant la perfection infinie qui est dans le Père ;

et l'Esprit, le « Vent », tel le souffle d'un baiser, selon l'image chère aux mystiques, l'Esprit n'est rien d'autre que le mouvement du Père et du Verbe s'aimant. Il est ce mouvement infini dans l'immuable.

C'est la Vie, la vie intime de l'Éternel sur laquelle un petit coin du voile nous est levé pour nous faire percevoir la vie sans fin qui est dans cet éternel Amour.

L'Éternel et nous

Les hommes, aussi loin que nous puissions remonter dans l'observation de leur histoire connaissable, n'ont cessé de trébucher entre des pensées, les unes figées, fixistes, et les autres délirantes, quant à leur recherche de relation à l'Éternel. Adorations tremblantes des idolâtries de droite ou de gauche, ou confuses extases des panthéismes, vite autant tyranniques, dissolvant les personnes.

Comprendre les Béatitudes

Et, pour la première fois de ma vie, j'ai pris conscience que toutes les Béatitudes sont écrites au futur. Seules la première et la dernière sont au présent :

« Bienheureux les pauvres de cœur, le Royaume des cieux *est* à eux. »

« Bienheureux ceux qui souffrent persécution pour la justice, le Royaume des cieux *est* à eux. »

Ce jour-là, j'ai ressenti une joie formidable au-dedans de moi. Tout à coup, je découvrais le sens de ces Béatitudes : depuis le jour où il y a eu trois humains, dès qu'il y en a eu un fort qui a voulu exploiter un faible et dès que le troisième s'est mis entre les deux en disant :

– Non, pas ça, ce n'est pas juste !

Le Royaume des cieux était là. Il était là parce que cet homme acceptait de se donner tout entier, ne supportant pas d'être heureux sans les autres, ne supportant pas l'injustice.

Qu'est-ce que la foi ?

Ainsi, le mot Foi ne me satisfait pas. Je ne peux pas, dans un dialogue, me contenter d'affirmer :

– Tu as la foi et moi je ne l'ai pas.

La foi n'est pas et ne sera jamais la conclusion d'un raisonnement.

Les raisonnements sont extrêmement utiles pour répondre à telle objection, telle négation, mais jamais la foi ne sera la conclusion d'un syllogisme.

En fait, la foi, dans son être, sa substance même, est un acte d'amour.

Dans la langue française l'expression donner sa foi est très intéressante. Deux fiancés se disaient : « Je te donne ma foi. » On a longtemps parlé ainsi.

Je te donne ma foi, c'est un acte d'amour, ce ne sera jamais la conclusion d'une logique. À un moment, au bout du raisonnement, il faut plonger, il faut faire confiance, il faut consentir à vivre avec la connaissance du mal. Et Dieu sait si toute ta vie s'oriente vers le contact quotidien du mal…

Qu'est-ce que l'espérance ?

L'espérance, c'est croire que la vie a un sens.

« L'homme, ce moustique infime, sur une planète minuscule »

Quand on me pose la question :

– Pourquoi venons-nous sur terre ?

Je réponds simplement :

– Pour apprendre à aimer ! L'existence de tout le cosmos, dans son incalculable immensité, n'a de sens que parce que, quelque part, il y a des êtres dotés de libertés.

L'homme, ce moustique infime, sur une planète minuscule, peut être écrasé par l'univers, mais il est plus grand que l'univers, comme dit Pascal, parce que non seulement il sait qu'il meurt, mais il sait qu'il peut mourir en aimant.

Pour que l'Amour soit possible, il ne suffit pas qu'il y ait des montagnes, la mer, des glaciers et des étoiles, il faut qu'il y ait de l'être libre.

Et cet être libre a une destinée : « Tu aimeras. » Nous sommes destinés à rencontrer l'Amour dont la faim se fait sentir en creux au-dedans de nous.

Le dolorisme est une abomination

Le dolorisme est une abomination et une caricature de la vie chrétienne qui consiste à rechercher la souffrance, ou à s'y complaire, sous prétexte que Jésus a souffert. Non.

Il faut simplement accepter la vie comme elle se présente, et si on ne peut pas éviter une souffrance, alors mieux vaut l'accepter avec amour que se révolter ou la fuir en se refermant sur soi.

Des limites du culte marial

J'ai une immense tendresse pour Marie, la mère de Jésus.

Je récite tous les jours les paroles du *Magnificat*.

Je l'associe souvent dans mes prières adressées à Dieu.

Mais je ne peux concevoir qu'on lui voue un véritable culte, lequel finit chez certains par prendre plus de place que l'adoration envers le Créateur. Cela devient alors de l'idolâtrie.

Marie prendrait-elle la place des déesses de l'Antiquité contre lesquelles le christianisme primitif a lutté pour apporter au monde entier la révélation de Dieu Un et Indivisible, à qui seul il est légitime de vouer un culte ?

Malheureusement, au sein de l'Église, la place de la femme a trop souvent été celle de « la bonne du curé ». Ce n'est pas normal !

Où lit-on dans l'Évangile que le sacrement de l'ordre devait être réservé à l'homme ? Il y est écrit que les douze apôtres étaient là le jeudi saint. On ne précise pas si Marie était là ; rien ne dit qu'elle n'y était pas ! Et l'Église, à l'époque, était forcément captive des mœurs de la société de son temps.

L'effrayante liberté de l'homme

La liberté des hommes *souvent* s'égare. Pourtant, elle ne peut être effacée même si c'est vrai qu'elle est un peu effrayante, cette liberté !

Heureusement, il y a ce que nous appelons la grâce.

Je prends souvent l'image du bateau, notre liberté consistant à tirer sur l'écoute pour tendre la voile... Ça ne suffit pas pour faire avancer le bateau : il faut que le vent souffle.

Mais si le vent souffle alors que la voile n'est pas tendue, le bateau n'avancera pas non plus. C'est là que se joue la nécessaire complicité entre notre liberté et la liberté infinie de Dieu.

Le mystère et l'absurde

La présence de la montagne et du désert fait pénétrer au cœur de ce que l'on peut nommer les mystères de la Création.

Elle rappelle que le mystère est la seule alternative à l'absurde.

Comment l'homme s'est-il donné au démon ?

Une parole de Jésus dit : « Le Fils de l'homme n'est pas venu sur la terre pour être servi mais pour servir et donner sa vie en rançon pour la multitude. »

Cette parole m'a toujours travaillé. La rançon donnée à qui ? D'origine, on a tendance à interpréter en disant : « Par le péché, c'est-à-dire la préférence de soi à l'amour sous quelque forme que ce soit, l'homme s'est donné au démon. »

De l'offense

Saint Anselme, notamment, se basait sur ce qui était le droit féodal de son temps pour prêcher ce qu'il appelait la « doctrine de la satisfaction ».

Si un paysan insulte un prince, la gravité de l'insulte ne repose pas sur l'importance du paysan, mais sur celle de celui qui est insulté.

Par contre, la réparation se mesure en sens inverse. Elle se mesure à l'importance de celui qui vient demander le pardon et non pas à celle de celui qui a commis l'offense.

Il disait :

– L'Éternel, ayant été offensé dans le péché des hommes, demande satisfaction.

Ce qui est horrible. Cela signifierait que l'infini, la perfection de Dieu auraient voulu la flagellation, les horreurs de la Passion, la couronne d'épines, le crucifiement. Il n'en est rien !

Solitude de l'Éternel

L'Éternel n'est pas seul ; il est ce qui existe.

Il exprime tout ce qui est, à l'infini. Par analogie, on emploie des mots : il est Père, il est Fils ou Verbe, il est Esprit, il est table ou chaise, il est toi, il est moi, et il est le tout à la fois.

Ensuite, mille milliards de créations, mille milliards de cosmos peuvent exister, ils ne sont qu'une partie de ce tout.

Que vive l'immobilité de l'adoration

Que de fois, plus tard, on m'a demandé :

– Comment arrives-tu à tenir et continuer ?

Cela tient du miracle si on ignore qu'il y a eu cette absurde préparation. Car c'était absurde de prétendre donner l'immobilité de l'adoration toutes les nuits, au lieu de l'étude du droit, de l'histoire, de la réalité politique et sociale, comme préparation à une vie qui allait vagabonder autour de la terre entière.

Pitié pour l'Église !

Ne perdez plus votre temps à vous lamenter sur les limites et les tares des croyants. On les connaît bien.

L'Église, quelles que soient ses fautes, nous devons l'aimer, car c'est par elle qu'à travers les siècles le message nous est parvenu et ce message, c'est : « Dieu est Amour. »

Bémol sur le livre

Et puis aimer la vie, ça ne s'apprend pas dans un livre, ça vous vient tout d'un coup, un jour où on a le cœur pur et l'âme en paix.

Nos « petits moi » et Lui

Les bouddhistes ne semblent pas avoir la notion de ce que cet infini puisse être personnel ; qu'il puisse y avoir une relation de personne à personne entre nos petits riens immenses, cette soif d'aimer, et cet infini que j'appelle « l'Éternel qui est amour ».

Ils ont la notion de cet infini, mais ils ne conçoivent pas une relation possible entre nos « petits moi », et « Lui ».

Le dur devoir de prophète

Le prophète n'est pas quelqu'un qui prédit l'avenir.

Selon l'étymologie grecque, c'est celui qui « parle pour », qui « parle en face », qui « parle sur »…

Pour bien comprendre son rôle, il faut avoir pris conscience que l'accident de travail, normal dans la profession, c'est de se faire couper la tête.

Pour la gloire de Dieu et le salut du monde

La gloire de Dieu, c'est être ontologiquement, par Son Être, amour reconnu comme Amour.

Là est le sublime, l'amour infini reconnu comme amour, ce qui ne serait pas si l'on pensait Dieu comme Allah, mystérieusement solitaire.

Étant l'Unité, l'Unique, absolument unique Dieu, il y a cette vie qui fait Dieu être Père.

Et le Verbe ne peut pas ne pas reconnaître l'amour du Père, et le Père ne pas reconnaître l'amour dans le Verbe, cela étant le souffle de l'Esprit saint.

La gloire est d'être Amour reconnu comme amour.

Au fond, notre mission en tant qu'humains croyants est de tendre nos pauvres petites énergies pour que cette gloire soit reconnue par la Création.

Amour, gloire et liberté

L'amour qui est aimé, voilà la gloire de Dieu.

Et cette gloire est dans son être même de Trinité.

L'amour qui est aimé, c'est la perfection, la gloire.

Pour que l'amour puisse continuer à se savoir aimé, il faut qu'Il continue à faire exister des libertés.

Devenir un saint

Il est plus facile d'être un fervent chrétien au cloître que dans l'activité apostolique au milieu du monde.

Mais au cloître, il est plus facile d'être un saint.

S'interroger sur soi

C'est tellement complexe, un homme, et, jusqu'au dernier instant, tellement inachevé.

Je crois en Dieu, et je pense que seul Son Amour, son Être hors du temps, peut clarifier cette petite et immensité réalité qu'est chaque personne.

Si vous demandez à quelqu'un qui il est, ne pensez-vous pas qu'il y a quelque chance qu'il ne puisse pas vraiment répondre à pareille question, s'il est lucide et vrai ?

Ce qu'il faudrait peut-être plutôt rechercher, c'est qui on est en train de devenir chaque jour, à partir de l'époque et du milieu de sa naissance, à travers les circonstances intérieures et extérieures de sa vie, par les oui et les non que l'on a, en actes, voulu vivre.

Croire, adorer

De la Résurrection

Entrouvrons donc un petit coin du voile. Pour moi, l'essentiel dans la foi chrétienne n'est pas la Résurrection : Jésus est mort crucifié et on le revoit vivant. Pourquoi pas ? Je ne vois là aucune difficulté avec la physique moderne.

Mais, ce qui fait mon attachement, ma foi, c'est que, je le sais, tout homme avec sa simple raison peut savoir que l'Éternel existe.

La découverte de la présence absolue

En réfléchissant à cette question de la Foi, j'ai cherché dans mon bréviaire et j'ai sorti deux papiers pour lesquels – un plutôt, pour lequel – je laisserai tout autre signe, car il est l'image de ces choses auxquelles on s'attache et on tient parce qu'à tel ou tel moment de notre vie ces réalités ont parlé davantage.

C'est, par exemple, l'image de quelqu'un de très aimé. Eh bien, ce à quoi je sacrifierais tout : c'est à ce simple petit bout de papier sur lequel un jour j'ai écrit : « Toi et nous tous à Toi. »

L'être est

La raison, la simple jugeote humaine, permet de ne pas attendre dans le doute. Puisque l'être est, c'est que l'Être est, avec une majuscule.

Mais il y a plus. La raison seule ne peut pas comprendre ce « plus » qui est un vertige d'absolu, sans une intervention que nous, chrétiens, appelons Révélation, ce qui pour nous se manifeste en Jésus-Christ.

Pour chacun, pour tous, il peut se manifester par une intuition intérieure, au-delà de la raison. À ce mot « celui qui est », on ne peut rien ajouter qui ne le minimise. Si je dis :

– Il est ; il est matière, il est table, il est toi, il est moi, chaque mot que j'ajoute le réduit. Ce n'est plus « Il est ». Il n'existe qu'un mot qui puisse être joint à « Il est ».

Ce mot représente le bouleversement de toute la pensée humaine, c'est « Il est Amour », son être est Amour.

Les trois fondements de la foi

L'Éternel est Amour.

C'est le premier fondement de ma foi.

Le deuxième fondement de ma foi est la certitude d'être aimé.

Et le troisième fondement, c'est la certitude que cette mystérieuse liberté qui est en nous n'a pas d'autre raison d'être que de nous faire capables de répondre par l'amour à l'Amour.

L'éblouissante beauté de la liberté n'est pas qu'elle nous rende libres *de*, mais qu'elle nous rende libres *pour*. Pour aimer et être aimé.

Non, l'enfer, ce n'est pas les autres !

L'enfer, c'est la solitude de celui qui s'est voulu absurdement suffisant.

La main de Dieu

Quand on a mis sa main dans la main des pauvres, on trouve la main de Dieu dans son autre main.

Les limites, l'éternel et l'amour

La Bible est vraiment tout un monde.

Il y a des parties historiques, des parties mythiques qui expriment des choses que ressentaient ceux qui ont écrit à ce moment-là, avec des passages qui sont des splendeurs, et des récits d'horreur parfois attribués à Dieu… À travers tout cela, ce qui reste est la continuité de l'affirmation ; il n'y a pas « des » dieux.

Il ne peut y avoir deux infinis, donc l'Éternel est sans limites dans le temps.

Et là où il n'y a pas de limites dans le temps, il n'y a pas de limites en rien, il n'y a pas de limites d'espace.

Ce que la Bible apprend, surtout dans le Nouveau Testament, c'est que l'Éternel est Amour.

Nous sommes aimés et nous avons la liberté pour être capables d'entrer dans cette famille, cette communauté d'amour. « Tu aimeras. »

Qu'est-ce que l'adoration ?

Un jour un de mes neveux m'a demandé :

– Qu'est-ce que l'adoration ?

Je n'avais jamais cherché à l'exprimer. Depuis j'utilise ces mots : « C'est comme un éblouissement supportable. »

L'adoration, c'est être uni avec son cœur dans la seule compagnie de Dieu.

De l'adoration

Ma vie est incompréhensible, hors de toute raison, de toute logique, si on ne la revoit pas continuellement dans son germe, dans sa racine, imprégnée de ce creux que l'adoration a mis en moi.

Au couvent, j'ai vécu sept ans avec l'adoration toutes les nuits. Nous veillions de minuit à deux heures du matin. La première heure, nous dialoguions des psaumes, mais la deuxième heure se passait dans l'obscurité, sans lumière autre que la petite lampe rouge du Saint Sacrement, sans pouvoir s'aider d'une lecture, en adoration pure et nue. J'ai vécu sept ans ainsi, avec un volume intellectuel minuscule. Les études étaient très, très peu développées, j'en souffrais. Mais j'étais en adoration toutes les nuits d'une heure à deux heures du matin. Ma vie, telle qu'elle est, s'explique par cela.

L'adoration et nous

Nous avons tous des moments d'adoration.

Il ne s'agit pas de regarder le soleil à midi, ce n'est pas supportable, mais de regarder le sourire d'un enfant, une fleur qui naît, les étoiles qui commencent à apparaître.

L'ineffaçable pli de l'adoration

D'avoir vécu dans cet éblouissement, cela a mis en moi ce creux qui explique ma vie tout entière.

C'est ce qui m'est resté de ces années, de ces nuits d'adoration, ce creux. Quand on a goûté de cela, on ne peut plus s'en passer.

Le pli que j'ai reçu est ineffaçable. Même dans l'action qui semblerait lui être la plus étrangère, j'ai toujours vécu l'adoration. Et je ne peux vivre la prière que sous cette forme.

Exprimer l'inexprimable

« Quand Moïse, nous dit la Bible, entend dans le buisson ardent une voix, peut-être une inspiration intérieure, lui disant d'aller délivrer le peuple juif esclave en Égypte, ce berger, qui n'est pas un homme puissant, questionne :

– Quand je m'en vais aller leur annoncer qu'il faut partir, ils vont me dire : "Mais qui t'envoie ?"

La réponse est tout à fait impossible à mesurer, à sonder : "Tu leur diras *Yahwé*." » Le mot hébreu pour dire « Je suis » ; « Celui qui est »... On peut aussi traduire cela par : « JE SUIS m'envoie vers vous. » C'est totalement inexprimable !

Ne jamais insulter l'avenir

Les regrets sont vains quand il est trop tard.

La digue est rompue, le flot passe, il brasse des boues.

Ce qui compte, c'est demain.

Croire en la parousie

Je pense qu'il y aura une fin du monde.

Ce sera le moment de la parousie, c'est-à-dire du retour du Christ dans sa Gloire.

Le Verbe de Dieu apparaîtra et sa gloire se révélera à l'humanité, à ceux qui seront vivants, et à la totalité de ceux qui auront vécu avant.

Qu'est-ce que le tabernacle ?

L'adoration est celle de la présence de Dieu dans le tabernacle.

Il n'existe nulle part au monde un bateau qui n'ait son port d'attache ; et le tabernacle, c'est ça : le port d'où l'on part et vers où l'on arrive.

Je crois que Dieu est Amour

Je crois que Dieu est Amour.

Je ne crois pas à Dieu, je ne crois pas en Dieu, je crois en Dieu Amour.

C'est son Être même d'être Amour. C'est beaucoup plus que Il Est Amour, c'est sa substance même. Nous l'exprimons – et, malheureusement, on n'a pas réussi à trouver mieux – mais nous l'exprimons dans ce mot glacial et faussement arithmétique de Trinité.

Pour moi, la Foi est la certitude que l'Éternel est Amour, quand même. Le *quand même* est essentiel.

Le souffle sans limites

On ne demande jamais à un enfant d'aller au-delà du caractère purement verbal d'un mot. Au catéchisme, on t'apprend la Trinité en te demandant de répéter des mots : « Père », « Fils », ou

« Verbe », « Saint-Esprit ». Il faut te conduire au-delà pour que tu puisses en percevoir le sens.

Le Verbe ne peut pas ne pas être en adoration devant le Père d'où il provient ; c'est alors le souffle sans limites. Les mystiques n'hésitent pas à dire : « Comme le souffle d'un baiser mutuel, *spiritus*, le vent, l'Esprit saint, souffle du Père et du Verbe s'aimant »…

Dans l'être nous est révélé quelque chose de l'inabordable.

Dieu est-il dominateur ?

Si Dieu était le tout-puissant dominateur, nous devrions l'accuser, le condamner. Or il est tout le contraire du dominateur.

Pour moi la personne historique de Jésus m'apporte cette certitude pour aujourd'hui, et pour l'au-delà du temps.

Depuis que je suis enfant, c'est une grâce qui n'est pas confortable, je déteste le temps : j'ai l'impatience d'agir dans l'être et non plus dans le devenir du temps.

Pitié, justice et amour

Mais la pitié n'est pas une fin.

Seule la justice est un but digne de l'homme.

Parce que seule la justice est garante de l'authenticité d'amour.

Prier et adorer

Il est fréquent que je reçoive des lettres qui me demandent « priez pour moi » ; je ne peux pas, depuis des années déjà, répondre « je prierai pour vous ».

Je ne peux que répondre, c'est un peu plus long, « soyez-en sûr, je vous garde présent dans l'effort de chaque jour pour être encore, à quatre-vingts ans, servant, offrant, adorant ».

Je garde présent, oui, même si ce n'est pas individuellement que je pense à chacun, mais ontologiquement : vous êtes là avec tout le reste de l'univers.

Pour beaucoup, prier c'est demander.

Pour moi, prier c'est adorer.

PRIER

Qu'est-ce que la prière ?

La prière n'est pas une demande. C'est une écoute.

Elle permet, dans le silence, d'entendre le Souffle de l'Esprit saint.

Comment prier ?

Certains ont peur de prier. Mais ce n'est ni savant ni difficile. C'est en réalité si simple.

On prend un livre, l'Évangile ou un livre écrit dans sa lumière. On lit un peu.

Puis, dès qu'une pensée nous frappe davantage, quelque chose d'indéfinissable qui s'éveille en nous nous réchauffe le cœur ; nous fait désirer de mieux faire les jours suivants et surtout nous fait percevoir que, réellement, on n'est jamais seul, abandonné ; alors il faut laisser le livre, pour être attentif à cette présence, attentif à l'accueillir, à écouter et à laisser s'établir, sans parole, comme un dialogue, entre notre bonne volonté si souvent fautive et l'Amour absolu.

Prière du 24 août 1938

Nous avons menti.
Non, l'univers n'est pas à nous.
Non, les richesses ne sont pas à nous.
Non, nous-même, corps, esprit, ne sommes pas à nous.
Mais, Père, Amour, tout est à Vous.
Car Vous seul « Êtes »…
C'est pourquoi, nous Vous en supplions,
Acceptez l'offrande enfin toute loyale

Et réparatrice
Que Vous fait
de Tout
en Lui
Jésus-Christ, Votre Fils, Notre-Seigneur,
Par les mains de ses pauvres prêtres.

[Cette prière fut écrite au dos de l'image souvenir peinte par l'Abbé Pierre lui-même, quand il fut ordonné prêtre. Le dessin représentait deux mains élevant le calice de la consécration, devant des cimes de montagne et un ciel d'étoiles.]

Mes prières pour les autres

Mes prières, pour « les autres », ont toujours été les plus passionnées lorsque je les pensais dans ces traversées de désolation, où la compassion ne peut plus les rejoindre que dans cette autre voie de communion, la prière.

« Que mon cœur soit votre séjour »

Des épines, Jésus, voilà donc l'oasis
Où votre cœur habite.
Voilà le rendez-vous où son amour invite
Les cœurs qu'il s'est choisis.
Et moi qui longtemps vous cherchais dans les roses

Demandant sur ma route aux fleurs :
Le divin Cœur est-il là ?
Mais les fleurs se torsadent dans vos mains divines.
Et vous m'avez dit : « Me voilà ! »
Si les épines vous attirent,
Ô mon Jésus, qu'est-il besoin
De vous aller chercher au loin ?
Mon cœur en a qui le déchirent
Et l'ensanglantent nuit et jour
Que mon cœur soit votre séjour.

La pitié, la colère et la prière

Je voudrais tant que des théologiens – moi, je ne suis pas du tout expert dans la science de la théologie (ce serait peut-être le travail de conciles de l'avenir) – nous fassent dépasser une certaine forme de prière qui est la plus fréquente. La forme la plus fréquente des formules de nos prières dans le bréviaire, dans la messe, dans toutes sortes de dévotions, c'est incroyable, mais c'est comme ça ; on a l'air de demander la conversion de Dieu. Continuellement, nous disons : « Aie pitié », continuellement nous insistons : « Sois bon », « Arrête ta colère. »

Or Jésus, dans la parabole de l'enfant prodigue, m'a libéré, pour toujours, de cette pensée que l'Éternel est comme un créancier. Le père de l'enfant prodigue guettant le retour de son fils serait-il ainsi pour lui présenter des factures, des fausses traites, des malhonnêtetés ? Il serait le créancier alors que la parabole de l'enfant prodigue exprime tout le contraire ? Il est le père guettant sans cesse sur le chemin de la maison. Depuis des années peut-être, le prodigue est parti ; il a tout dilapidé. Quand il n'en peut plus, il se fait un petit discours : Voilà comment je parlerai à mon père :

– Je ne mérite pas d'être traité comme un domestique, mais laisse-moi garder les bêtes !

Alors le fils, de retour, n'a pas le temps de dire un mot. Le père devine sa silhouette au loin… Et ce vieux père s'en va en courant vers le fils et… :

– Mon fils qui était mort est vivant, ton frère qui était perdu est retrouvé.

Jésus, c'est celui qui me donne cette certitude que l'Éternel ne nous attend pas avec des factures à la main.

La prière sans vengeance

On a supprimé de la prière, Dieu merci, des paroles de l'Ancien Testament qui criaient vengeance, qui demandaient avec une cruauté folle que soit broyé le crâne des enfants de l'ennemi, etc. On ne nous oblige plus à dire ces paroles d'avant, correspondant probablement à d'autres cultures, à d'autres civilisations ; elles ne sont plus supportables pour nous, après l'Évangile.

Vers la source

Que, sans te laisser t'égarer,
Dieu te conduise à la source
Vers laquelle hommes et bêtes
Tendent leurs marches et leurs désirs.

La prière et l'énergie

L'humanité entière a besoin d'un témoignage d'unité…
Dieu unique et universel
Dieu d'amour
Prier pour se convertir
Pour se transformer en énergie.

Prière d'enfance

Seigneur, nous savons que nous ne sommes rien,
Que nous ne savons rien,
Que nous ne pouvons rien par nous-mêmes.
Mais nous savons aussi que Vous savez tout,
Que Vous pouvez tout.
Suppléez donc à tous, nous avons confiance en Vous.

Prière à Assise

Mourir par un matin de cloches.
Mourir par un de ces matins
Où la terre entière avoue
Tout ce que l'amour contient.

« Notre Père, qui êtes au-delà de tout ce qui est mesurable »

Souvent, j'évoque la formule de Jésus quand ses disciples lui demandent :

– Apprends-nous à prier.

Il leur dit :

– Priez, mais ne faites pas comme les idolâtres qui rabâchent des tas de supplications devant leurs idoles, dites « Notre père », c'est-à-dire, placez-vous dans la position de fils qui ont un lien de famille. « Notre père qui êtes aux cieux »…

Les cieux…

Non seulement nous avons souvent perdu le sens de cette image, on l'a interprétée très longtemps comme un paradis qui pouvait être quelque part dans les nuages, mais maintenant, par l'exploration du cosmos, nous savons la démesure de l'espace de l'univers.

Dire « Notre père qui êtes aux cieux », c'est dire : « qui êtes au-delà de tout ce qui est mesurable ».

Comment continuer d'idolâtrer ?

Prière aux anges

Anges, sonnez de vos trompettes de tonnerre ;
Que le partage soit fait !

Prière aux anges gardiens

Anges gardiens
Mais où êtes-vous ?
Que faites-vous ?

Prière de la souffrance

Quand tu souffres,
Aime plus fort.
Aime ceux qui sont dans
Plus de larmes
Que toi
Et plus seuls en eux-mêmes,
Et quasi plus inexistants,
Plus absents
À eux-mêmes.
Il n'est plus,
Pour toi,
D'autre joie profonde
Possible.
[...]

Oui, Seigneur,
Je suis lâche
Et fragile
Et tremblant.

Ah ! Être enfin
Hors du cercle du temps
Où se mêle tant de fautes
Au moindre bien.

Mais, Seigneur,
Ce n'est pas
Parce que je suis faible
Et misérable
Et tant avide
Par nécessité
De pardon.
Ce n'est pas
Parce qu'il me faut tant
Ton pardon
Que je dirai : je fuis
Et j'abandonne.

Ce serait stupide,
Ajouter la stupidité à la faiblesse,
Et méchant.

Seigneur,
Puisque je suis si lâche,
Ah, c'est clair,

Il faut que j'aime
Cent et mille fois davantage
Et que je serve
Et que je rie
Et qu'à chacun je sourie,
Jusque quand il faut
Par amour gronder,
Et que je cache mes larmes
Et la confusion de mon remords,
Et le brisement de tant de confusion
Au plus profond de moi.

Nous sommes tous des pèlerins d'Emmaüs

Seigneur Jésus,
Souviens-toi de cette maison à Emmaüs
Et du bout de chemin qui y conduit
Quand on vient de la grand-route.
Souviens-toi de ceux qu'un soir tu abordas là-bas,
Souviens-toi de leurs cœurs abattus,
Souviens-toi de tes paroles qui les brûlèrent,
Souviens-toi du feu dans l'âtre
Auprès duquel vous vous êtes assis,
Et d'où ils se relevèrent transformés,
Et d'où ils partirent vers les promesses d'amour…

Regarde-nous.
Vois, nous sommes tous pèlerins d'Emmaüs

Nous sommes tous des hommes qui peinent
Dans l'obscurité du soir.
Nous sommes tous des cœurs lâches, nous aussi.
Viens sur notre chemin,
Brûle-nous le cœur à nous aussi.
Entre avec nous T'asseoir à notre Feu,
Et, qu'exultant de joie triomphale,
À notre tour nous nous relevions
Pour bondir révéler la joie à tout homme au monde,
En l'Amour à jamais jusqu'à notre dernier souffle.

VII

Dénoncer les dysfonctionnements

Le fonctionnement correspond au bon déroulement des actions, à la bonne marche du système. En toute logique, le dysfonctionnement intervient quand ce mécanisme s'enraye, quand survient un incident, un trouble.

Les dysfonctionnements de toutes sortes ne manquent pas et la société contemporaine comme l'Histoire nous en offrent hélas de multiples exemples.

Sans doute est-ce aux politiques de prévenir et d'empêcher les dysfonctionnements. Mais l'art de gouverner la cité et l'État est subtil et difficile. La politique n'est pas exempte de critiques, pas plus d'ailleurs que les hommes qui apparaissent souvent « humains, trop humains ».

Dysfonctionnements mineurs, scandales majeurs, injustices criantes sont dénoncés par les médias dans leur ensemble… médias dont l'Abbé Pierre se sert, lui aussi, avec la maestria que l'on sait pour mettre le doigt sur tout ce qui le révolte.

La société et l'histoire

Les nouveaux pauvres

L'un des faits les plus caractéristiques des sociétés que l'on appelle modernes est assurément l'accroissement de ceux que l'on pourrait appeler les « nouveaux pauvres ».

Les grandes misères

Toutes les sociétés s'appliquent à faire que ceux qui sont hors des grandes misères ne se connaissent bientôt qu'entre eux, ignorant la condition du plus grand nombre des autres.

Le vin du Groenland

Et le vin, vrai symbole, dans nos pays ?
Quel sens peut-il avoir chez les Esquimaux qui n'ont jamais vu une vigne ?

Faut-il faire venir du vin de Bordeaux au Groenland ou en Afrique pour y célébrer la messe ?

Pauvre société !

La Vie, celle de notre société, celle que nous vivons, mais si nous la voyions un instant, un seul, telle qu'elle est, et que nous ayons un peu de bon sens, nous serions ahuris. Ça ne tient pas debout !

La Résistance dans la réalité

Il y a eu dix, vingt initiatives de personnes très, très diverses : des gens de droite, des gens de gauche, qui refusaient l'armistice dans de telles conditions. Au début, ils n'ont pas bien su quoi faire. Ils ont rédigé des tracts, édité des journaux secrets, des gens se faisaient tuer parce qu'on les avait surpris en train d'imprimer ou de distribuer des journaux. Beaucoup sont morts de la sorte, mais beaucoup de journaux sont sortis, comme le mien, *L'Union patriotique indépendante*. Ce premier temps a été une phase de protestation par des écrits.

« Quand pleurent les plus faibles »

Quelle « grande personne »
Pourrait ne pas se sentir ignoble
À rester impassible,
Sans passion,

Sans action,
Sans violence,
Quand pleurent les plus faibles ?

Pauvre France !

La France, qui est l'un des pays les plus riches du monde, est pareille à un magnifique champion qui a un chancre à la jambe.

Comme ça ne se voit pas et qu'il est toujours aussi beau et fier de lui, on ne s'occupe pas de son abcès.

Les quatre cent mille « couche-dehors », c'est le chancre à la jambe du champion.

Et le champion court le risque d'en crever.

Les détecteurs de la misère

Nous, nous sommes des éclaireurs, les détecteurs de la misère.

Nous l'avons trouvée, elle est trop grande pour nous, alors nous la crions à la société : c'est la société qui doit résoudre ses problèmes et effacer ses hontes.

Message aux jeunes électeurs

Au sujet de Le Pen [...] d'abord une interrogation : toutes les filles et les garçons qui ont pris feu et flammes lorsqu'il fallait éviter ce qui, j'en suis certain, aurait été un malheur pour le pays, comment se fait-il que ces mêmes jeunes, les mêmes, appelés à voter, pour une quantité que j'ignore mais qui n'est pas faible, se sont abstenus ?

Pour le message à ces jeunes, quel meilleur message et plus réaliste que de leur dire : « Votez selon votre conscience, mais allez voter. »

De l'illégalité quand elle devient sacrée : légitimer parfois l'illégal

Personne ne pouvait à l'avance imaginer l'occupation allemande de 1940-1944. Mais la présence de l'armée hitlérienne, la personne du vieux Maréchal ont tiré tout notre système légal du côté d'un faux ordre intolérable. Voilà pourquoi nous devions changer complètement le regard que nous portions sur la loi. L'illégal devenait légitime.

Après la guerre, avec des amis, il arrivait qu'on se dise que c'était embêtant d'aller à la préfecture pour demander un papier, alors que cela aurait été si facile de le faire soi-même. On regrettait le temps de cette illégalité, cette satisfaction paradoxale : on était entouré de souffrances, on vivait dans la peur, mais il y *avait* la jubilation de faire ce qui ne se faisait pas.

L'illégalité, elle devient sacrée lorsque cette voix mystérieuse de la conscience qui est en chaque homme nous dit : « Pas ça ! » Si l'événement est d'une telle nature que des innocents sont menacés de mort, la conscience peut réclamer que l'on tue le bourreau.

Les squats

Tous ceux qui protestent contre le phénomène des squatters sont aussi imbéciles que quelqu'un qui voudrait à tout prix mettre soixante litres de pinard dans une bonbonne qui n'en contient que cinquante. Eh bien, ça coule à côté ! Et tant qu'on n'apportera pas une seconde bonbonne, ça continuera de cracher.

Pancarte apposée à l'entrée de Noisy

Ce camp est l'honneur
De ceux qui l'ont édifié
Et
La honte de la société qui le tolère.

« Vers du un »

Je garde, avec Teilhard de Chardin, une certitude. Je constate, même sans être philosophe ni scientifique, qu'à travers les tragédies qui ne cessent d'empirer l'humanité converge vers du « Un ».

On a commencé à se battre entre voisins à coups de cailloux, puis on s'est groupés en familles. On s'est battus entre familles, puis entre clans, entre tribus, entre nations. Mais chaque fois, on s'est unis.

Se sont ensuite créées des fédérations de nations. Les États-Unis ont réussi la leur. Après bien des querelles et des désaccords, l'Europe est en train de se faire. On va vers du « Un ».

Les guerres aujourd'hui

Les guerres, aujourd'hui, ne sont sans doute pas plus atroces qu'avant… La grande différence, c'est que les moyens de communication se sont perfectionnés.

Avec la télévision, nous sommes au cœur de la guerre, matin, midi et soir. Et cela change totalement notre façon de voir le mal.

Il y a une sorte de banalisation.

Les crimes indiscutables et prouvés de Touvier

Je ne suis pas du tout juriste.

La base de l'argumentation de la cour qui a jugé que Touvier bénéficiait de l'amnistie est de dire que le régime de Vichy n'a jamais prôné l'holocauste.

Voilà ce qui est insupportable. C'est ce régime de Vichy qui a créé les sections spéciales, c'est ce régime qui a fait à Touvier la place dans laquelle il a fait carrière, celle dans laquelle il a eu l'ambition de monter en grade, celle dans laquelle il a commis des crimes indiscutables, prouvés.

Concernant la question de savoir s'il y a prescription ou non, je n'en sais rien ; mais il est intolérable qu'un tribunal porte un jugement sur l'histoire pour la transformer.

Les historiens ont protesté très vigoureusement, l'Église a eu le courage d'ouvrir ses archives, cela n'a pas toujours été.

Des cailloux dans les vitraux

Ainsi, la jeunesse naît avec cette impression de n'avoir plus rien à faire qu'à entretenir l'admirable réalisation de papa-maman.

Il est fatal alors qu'elle ramasse des cailloux pour les jeter dans les vitraux, pour faire quelque chose pour que ça change.

Harangue aux riches

Es-tu l'un des bénéficiaires,
Inconscient ou impitoyable,
Qui,
Même s'il donne,
Ne le fait
Que s'il est vu ?

Es-tu le voisin, le passant, l'indifférent,
Tout à ses minuscules tracas personnels,
Sans regard sur rien au-delà de soi ?

Es-tu celui qui souffre avec ceux qui souffrent ?
Mais alors l'es-tu autant que tu le pourrais ?

Les femmes et les hommes

J'espère que les femmes ne vont pas jouer à l'homme, oubliant ce qui fait leur spécificité, caractérisée par des dons naturels que l'homme n'a pas.

Elles y perdraient le meilleur d'elles-mêmes. Et l'homme aussi. Parmi ces dons, il y a la maternité. Neuf mois durant, la femme sent la vie peser en elle. Elle connaît alors une expérience vitale que l'homme ne vivra jamais.

Se lever et crier à l'injustice

Toutes les dictatures, tous les terrorismes, tous les fascismes ont commencé parce que, devant les premiers viols du droit, on est resté muet.

Il faut toujours alors se lever et crier à l'injustice. J'ai jeûné pour cela. J'ai accepté d'être assassiné pour cela, parce que je me sentirais un lâche si je ne le faisais pas.

La privation physique ne demande un effort de volonté que le premier jour et encore un peu le deuxième ; mais après, cela ne fut rien pour moi (entre les lectures de sujets spirituels, et les longs temps de silence dans la cathédrale de Turin), comme un rare et très précieux privilège.

La dette du tiers-monde

La dette du tiers-monde, sur laquelle vous êtes assis et croyez indéfiniment prospérer – cet endettement gigantesque qui rapporte davantage aux pays riches que toutes les politiques d'aide au développement ne leur coûtent –, est un volcan qui peut, du jour au lendemain, du jour où le Mexique, le Brésil, déclareraient : « Nous ne devons plus rien ! », précipiter l'économie mondiale dans la ruine.

Il faut que la voix des hommes sans voix empêche les puissants de dormir.

Le budget de l'Église

Quelle est la société de laquelle on admettrait que, recevant de l'argent, elle ne présente jamais à personne l'état de son budget ? Il faudra qu'un de ces quatre matins, on nous présente le vrai budget de l'Église.

LA POLITIQUE

« La terre aux humains »

Dix fois, j'ai répondu dans des réunions publiques :

– Vive la France aux Français ! On s'est battu pour que la France soit aux Français. Mais aussi, la terre aux humains. Et ce n'est pas contradictoire.

Nous sommes solidairement. Nous sommes ensemble responsables et solidaires du bonheur.

Les hommes politiques

J'ai acquis la conviction que l'on n'est pas bon homme politique seulement par vertu, par devoir !

C'est une sorte d'existence dévorante, ingrate pour qui veut se garder des facilités, ou des profits sans scrupules.

Je ne crois pas que personne puisse y bien servir et y persévérer sans qu'il aime participer au pouvoir.

Mise au point

Vos campagnes de charité,
Belles et légitimes,
Nécessaires et fécondes,
Ne seraient qu'un sédatif
Un soporifique pour dormir
Nous permettant seulement de continuer à souffrir
Si vous n'orientiez pas vos propagandes
Vers la transformation radicale des systèmes économiques
Afin de les rendre plus fraternels,
Plus justes.

Emmaüs et la classe possédante

Emmaüs est un reproche constant à ceux qui vivent trop bien.

Ce reproche a divisé la classe possédante.

Pour ceux qui ne veulent pas de la vérité, il n'y a qu'un moyen : faire taire Emmaüs.

Savoir et pouvoir

Le pouvoir est aveugle, les détresses les plus accablantes sont muettes.

Comment faire se rejoindre ceux qui savent et ceux qui peuvent ?

La loi des lois

Il y a une loi avant les lois, une loi absolue qui est la loi des lois : pour venir en aide à un humain sans toit, sans pain, privé de soins, il faut braver toutes les lois.

Le pouvoir est aveugle

Tout pouvoir est aveugle aussitôt qu'il est assez haut pour avoir de grands moyens. Il est alors trop loin de la connaissance réelle de la peine populaire.

Faire voir la misère

La première mission de ceux qui veulent combattre toutes les formes de misère, c'est de la faire voir.

Quand un grand parti déçoit

Je puis être triste de voir un grand parti, qu'il soit socialiste ou libéral, décevoir, dans la peur qu'il a un jour de devoir trancher avec des équivoques, d'un bord ou de l'autre, qui ont semblé faire sa grandeur, mais qui l'ont vidé de sa capacité d'énergie. Je puis en être triste.

Mais je ne trouve pas alors, blessés en moi et en multitudes, l'honneur et l'espérance, radicale, essentielle à ma vie, le but qui me fait vivre.

Les forces de l'Europe

L'Europe est en train de se faire.

Ce sera la première force pour quoi faire ?

Si c'est pour renforcer l'injustice, s'il n'y a pas de juste partage, si ce n'est pas pour soulager le plus souffrant, alors c'est une malédiction.

Chômage

Tous ceux qui sont au chômage savent l'humiliation d'aller à la caisse, toucher de l'argent et ne rien faire. C'est épouvantable. C'est la destruction d'un homme.

Comment meurt une nation

Une nation se meurt lorsqu'elle délaisse ceux, travailleurs honnêtes et sérieux, dont la vie devient chaque jour une existence de bagne ou de bête à l'écurie.

De la dignité et de la politique

Le premier devoir envers la collectivité, c'est d'être digne de s'en occuper.

L'expérience m'a prouvé qu'au-dessus d'un certain échelon on n'est pas plus un bon politique par devoir qu'un bon musicien par devoir. Il faut en avoir le goût. Pour celui qui n'a pas en tête l'unique idée de s'engraisser et d'en tirer des profits, c'est ingrat.

Les devoirs du pouvoir

Le pouvoir est fait non pour servir le plaisir des heureux mais pour la délivrance de ceux qui souffrent injustement.

La misère juge le monde

Un milliard et demi d'êtres humains n'ont pas le minimum pour pouvoir vivre dans la dignité, de leur sort dépend l'avenir de notre espèce.

La misère nous juge. La misère juge le monde et la seule guerre qui vaille, la seule guerre juste, c'est la guerre à la misère.

Interpeller les candidats et voter

Il faut voter.

Il faut aller dans les réunions publiques interpeller les candidats pour leur demander si la lutte contre l'exclusion est pour eux la priorité.

Souffrance et pouvoir

La souffrance est muette et le pouvoir aveugle.

En politique tout le monde a-t-il les mains sales ?

Je suis furieux quand j'entends dire : « En politique, tout le monde a les mains sales, alors je ne vote pas. » C'est intolérable. On n'a pas le droit de dire que la défense du bien commun – car c'est ça la politique – c'est malpropre.

Il y aura des luttes

On sera donc obligé à une redistribution du temps de travail et du revenu du travail. Ce sera difficile. Il y aura des combats ; il y aura des luttes, il faudra chercher des solutions.

Avertissement à l'homme du pouvoir

Ton pouvoir ne t'est pas donné pour servir le plaisir des heureux, mais pour la délivrance de ceux qui souffrent injustement.

Savoir à qui on prend du fric

Robert Buron disait ce mot : « La politique, c'est rendre possible ce qui est nécessaire. »

Moi, je dis : « La politique, c'est savoir à qui on prend du fric pour le donner à qui. Toute la politique se ramène à ça.

« Comment effectuer le partage et faire la justice. »

Qu'est-ce que l'humanitaire sans le politique ?

Au nom de l'amour et de la justice, nombreux sont ceux qui s'engagent aujourd'hui dans les organisations humanitaires, fiers et heureux de ce qu'ils font, mais résolus à ne pas s'occuper de politique.

Mais qu'est-ce que l'humanitaire sans le politique ?

Pour que tous ne meurent pas en Somalie, une fois acheminée l'aide humanitaire, il va bien falloir des têtes pour se demander avec qui, où et comment mettre en place les institutions qui vont permettre de reconduire l'avenir de ce peuple !

Le M.R.P., juin 1946

Vous avez tenté de faire vivre cette vaste famille du mouvement comme un vieux patronage étroit et sans pédagogie.

Et il se vide.

La vie ne se met pas en bocal.

La vertu et la vérité ne sont pas la peur de tout.

L'irremplaçable rôle du prophète

Le prophète, c'est la grande gueule, la voix des hommes sans voix, celui qui se dresse entre un pouvoir aveugle et un besoin muet.

Qui dira au prince son fait si le prophète lui devient son semblable ?

LES HOMMES

Un homme, des hommes

Chacun ne peut pas tout.

Qui s'indigne ?

Mais qui, réellement, efficacement, s'indigne de la dégradation permanente subie par plus d'un milliard de nos frères et sœurs, filles et garçons, aux sensibilités identiques aux nôtres, naissant de parents « sans-abri » ?

La loi naturelle

Se taire devant une injustice serait les accepter toutes et tuer l'espérance.

L'homme dans la guerre

Au fond, ne croyez-vous pas que l'humanité se partage « essentiellement », plutôt que entre ceux que l'on dit « croyants » et ceux que l'on dit « non-croyants », entre ceux qui devant la souffrance des autres se détournent et ceux qui luttent avec ceux qui souffrent pour se libérer avec eux d'une souffrance devenue en quelque sorte la leur ?

Au pire des horreurs de la guerre, devant le compagnon le plus souffrant, comment se partageaient les hommes ?

Il y avait ceux qui, du fond d'eux-mêmes, cherchaient que faire, quoi lui donner, de quoi se priver pour qu'il souffre moins. Et, parmi ceux-ci, il y avait des catalogués « croyants » et des catalogués « non-croyants ».

Et puis d'autres, comme des fauves, guettaient, hantés d'une seule pensée : « Vite, qu'il meure, et que je lui prenne ses bottes. » Et, parmi ceux-là, il y avait aussi de ceux que l'on pensait « croyants » et de ceux que l'on pensait « non-croyants ».

« Une terre peuplée d'hommes heureux »

Nous avons en nous tout ce qu'il faut pour que la terre soit peuplée d'hommes heureux.

Mais, pour être entendus, il faut être croyables, et pour être croyables, il faut être compétents, éprouver, avoir éprouvé pour proclamer à voix haute en étant entendus.

« Je connais des homosexuels »

Je connais des homosexuels et j'essaie de leur offrir de l'amitié. Je sais à quel point certains ont été rejetés, humiliés. Cette exclusion, cette malédiction en a conduit certains à devenir provocateurs. C'est dommage parce qu'ils accroissent ainsi la souffrance de leur vie.

Je me suis beaucoup intéressé à ce que le nouveau *Catéchisme de l'Église catholique* dit à leur propos. Il leur consacre trois paragraphes qui commencent ainsi : « Une quantité non négligeable... » Cette formule m'a fait sauter au plafond : à partir de quel nombre des hommes deviennent-ils quantité non négligeable ?

La suite montre cependant un effort de compréhension pour ceux que l'on considérait avant comme vicieux : « ... d'hommes et de femmes présentent des tendances homosexuelles foncières. Ils ne choisissent pas leur condition... » Ça c'est nouveau, plus humain, continuons : « ... elle constitue pour la plupart d'entre eux une épreuve. Ils doivent être accueillis avec respect, avec compassion... (si j'avais eu mon mot à dire, j'aurais laissé tomber “compassion” dont la signification est belle – souffrir avec – mais qui peut sembler condescendant)... avec respect et délicatesse. » Bravo ! « On évitera à leur égard toute marque de discrimination injuste, car ces personnes sont appelées à réaliser la volonté de Dieu... » C'est bien.

Le manque d'idéal

Le monde souffre de la misère et la jeunesse de mon pays souffre d'abord d'un manque d'idéal.

Mais qu'on lui propose un sacrifice précis, utile, concrètement créateur, et je n'en doute pas, moi, qu'elle donne l'exemple et, par la contagion des actes, en vengeant l'homme, venge Dieu, en aimant.

Les dégâts du contestable Paris-Dakar

Je voudrais qu'un jour Emmaüs finance l'expertise des dégâts causés par le Paris-Dakar : ponts démolis, routes abîmées... Les organisateurs me rétorquent :

– Tous les notables souhaitent notre passage. C'est une excellente publicité pour le tourisme !

Moi, je leur réponds :

– Les notables des pays traversés par le rallye se font rarement l'écho de la voix des peuples.

Harangue à l'Amérique

Je ne suis pas venu vous demander de l'argent, mais beaucoup plus !

Gardez cet argent qui pourrit tout, partout…

Tant qu'il n'est pas précédé du don de vous-mêmes, de votre présence parmi ceux qui souffrent, il est inutile, il gâche au lieu de sauver !

Combattre l'indifférence

La maladie la plus constante et la plus mortelle, mais aussi la plus méconnue de toute société est son indifférence, puis, bien vite, son ignorance à l'égard du sort des moins forts de ses membres. Là naissent ses fièvres les plus dévastatrices.

Aux jeunes gens lors d'un camp international au Danemark

N'en doutez pas, vous allez être certainement la plus heureuse des plus malheureuses générations qui aient jamais existé.

Question

Comment vivre sans toit ?

Le sanctuaire du logis

Le sanctuaire premier, c'est le logis.

Tous les prônes, si cela n'est pas, ne sont que langue étrangère et moqueries.

Travailler dans l'infaillible

Construisant des maisons pour les mamans et les bébés qui n'en ont pas, on travaille dans l'infaillible.

Les hommes et les personnes

J'ai de la haine pour les actes mauvais des hommes, mais je ne peux pas avoir de la haine pour les personnes.

Ce que je ressens plutôt, c'est de l'accablement : « Comment est-ce Dieu possible ? »

Les dirigeants du monde

Ils n'ont pas la connaissance sanglante, tragique, de la douleur de ceux qui n'ont rien. Ils sont aveugles.

Leur puissance est impuissante.

Le pire pour l'homme

Le pire, c'est d'être nié, en tant qu'homme, en tant que peuple. Le pire, c'est d'être exclu de la communauté humaine.

Raciste

Être raciste, c'est se tromper de colère.

Le scandale du mal

Le scandale du mal, c'est qu'on l'oublie. On s'en fait complice.

La fatalité de la misère ?

La misère n'est pas une fatalité.

Elle vient de nous, de notre absurdité, de notre incapacité de penser le partage.

LES MÉDIAS ET LA COMMUNICATION

À propos du film L'hiver 54
produit par Robert Darène

Si vous voulez faire quelque rosserie à quelque ami, souhaitez-lui ça, un film sur lui avant qu'il ne meure. Bien sûr, on me voyait si malade ! Reybaz raconte sa brève rencontre avec moi. On ne se connaissait pas. Il a fait le mieux possible. Et chacun des acteurs aussi. L'essentiel des faits évoqués est réel. Ce que les spectateurs en retirent leur dit bien l'essentiel. Barjavel, qui a fait le dialogue, a vu juste.

Mais combien tout spectacle, forcément artificiel, est autre chose que la vie !

Si, dans la réalité, j'avais été la sorte de directeur, qui ne participe pas aux travaux, tel que le montre le film, sûrement les Communautés ne seraient jamais nées.

Si Mlle Coutaz avait été telle que Gaby Morlay la représente (sans jamais l'avoir rencontrée), jamais non plus Emmaüs naissant n'aurait surmonté ses énormes difficultés. Dieu merci elle n'a pas l'insignifiance que montre le film. Mais ce film reste pour elle, pour cela, bien pénible.

Ce ne fut pas un succès de diffusion. Depuis que « Les dossiers de l'écran » l'ont, quinze ans après sa parution, projeté pour un débat, il est de nouveau, ici ou là, ressorti, particulièrement parmi les jeunes.

Tant mieux, s'il aide quelques-uns à engager leur vie avec les oubliés.

Les débuts d'une idole aux surnoms emplis d'humour

Saint Jean Bâtisse
Saint Vincent des Piaules

Abbé Pierre réfractaire
Pierrot le feu
Pierre à bâtir
Pierre termite
Pierre lotit
Sésame ouvre-toits
Saint et millions
L'ascète en glaise
Bernardin de cent pierres

Transmettre ce que l'on sait

En vieillissant, peu à peu, on prend conscience d'un devoir.

D'abord on résiste, parce que cela semble présomptueux... et puis revient avec insistance, au-dedans de soi, une voix qui dit : « Avant de nous quitter, dis-nous ce que tu sais. »

Si aujourd'hui je ne me soumettais pas à cet appel, j'aurais le sentiment d'enterrer le talent d'une existence. Non pas les mérites de ma personne, bien sûr, mais ce que les circonstances de la vie dans laquelle j'ai été trimballé m'ont fait comprendre, souvent après bien des résistances.

Le spectateur est-il adulte et responsable ?

Nous ne pouvons nous contenter de consommer avec insouciance l'information, choisie sans nous, qui nous est ainsi distribuée.

Trop nombreux sont les téléspectateurs qui ne regardent la télévision que pour se distraire de leurs soucis et de leurs devoirs…

Ceux qui choisissent l'information avec soin savent que, malheureusement, leurs émissions sont diffusées après minuit !

Il est urgent qu'un travail soit fait, dès l'école, pour que le spectateur devienne adulte et responsable.

Car, plus que jamais, nous avons le devoir de savoir.

La surpopulation et l'Église

Se moquer des gens, c'est leur parler une langue étrangère… En mars 1992, Mgr Franz Kamphaus, évêque de Limbourg-sur-la-Lahn en Allemagne, a écrit un texte dont je te dis deux phrases : « Récemment, le cardinal Ratzinger a déclaré à juste titre : *Sur le problème de la population mondiale, le magistère de l'Église n'a pas encore dit grand-chose d'utile.* »

Néant de l'admiration

Il faut que l'admiré dénoue la mystification sous laquelle se camoufle la dérobade.

Médias

Or les médias, même les mieux intentionnés, les plus honnêtes, par nécessité professionnelle, nous droguent.

Ils se trouvent contraints, pour répondre à la demande et lutter contre la concurrence, de monter en épingle une catastrophe ou un assassinat. Des statistiques calculent le temps passé à des actes de violence. Les médias nous droguent…

De la difficulté d'être admiré

On sait tout ce par quoi l'on pèche, on connaît ses fautes, ses défauts, et alors on mesure l'immensité de l'écran entre soi et ce qui est admiré.

Mais si on le dit, si on crie « c'est humiliant », les braves gens répondent en chœur : « Et en plus quelle humilité ! » C'est sans issue.

Fuir les paparazzi

J'étais surmené après l'hiver 1954.

On avait reçu trois cent mille lettres en un mois, et un milliard en billets de banque qui arrivaient à nos chiffonniers.

On s'est épuisés à mettre de l'ordre dans tout ça. Il fallait éviter qu'il y ait du scandale, que l'argent soit détourné […]. Et puis j'ai craqué […], et on m'a envoyé à Genève pour éviter les journalistes qui m'assaillaient.

Lancement de la revue Faims et soifs, *août 1954*

Dès le premier mois, du 1er au 31 juillet, 14 700 abonnements ont été souscrits. Le tirage de 100 000 exemplaires du numéro 1 a été épuisé.

Plusieurs des plus authentiques grands de la terre, de Nehru à Jean Rostand, en passant par Schweitzer, nous ont apporté leurs encouragements…

Il convient sans cesse de faire savoir, d'imposer à la connaissance, la souffrance.

C'est la première condition pour que naisse une action vraie, c'est-à-dire non pas seulement une action qui soulage, mais une action qui détruise les causes.

Alors cessera d'être étouffée la voix des hommes sans voix…

Soyons convaincus que l'on ne lutte efficacement contre l'injustice qu'en participant à la condition de ses victimes. Et que jamais l'on ne sait y participer assez.

La lâcheté de l'évasion individuelle, du consentement à être heureux sans les autres, nous reprend sans cesse. C'est chaque jour qu'il faut s'en défaire.

« D'abord l'acte, l'action »

Comment j'ai géré ma notoriété ? Je me suis débrouillé avec, je l'ai supportée. En vérité, ma première réaction consiste à ne pas en tenir compte.

Je n'ai jamais pensé : « Qu'est-ce que les gens vont encore dire ? On va me poursuivre, me demander des autographes. » Je m'en fous.

D'abord l'acte, l'action.

Les affres de la notoriété

Arrêtez ce culte malsain, j'en meurs de honte !

VIII

Pratiquer la lucidité

Être lucide, étymologiquement, c'est se placer dans la lumière, voir le monde tel qu'il est, transmettre la vision que l'on en a, en l'exprimant clairement, de manière à rester au plus près du concret et de l'objectif.

Bien qu'il ait avoué à maintes reprises avoir toujours eu du mal à rejoindre le clan des « grandes personnes », l'Abbé Pierre n'a jamais manqué de lucidité.

C'est tantôt grâce à des arguments développés s'enchaînant avec rigueur, tantôt à l'aide de formules lapidaires qui font mouche qu'il a exprimé ses idées sur le monde tel qu'il est.

Peut-on vivre en marge de son temps en ignorant l'informatique et le cortège des technologies modernes ? Par ailleurs, quel regard doit-on porter sur des survivances des temps anciens qui font sommeiller l'Église et ses ministres dans des fastes qui paraissent aujourd'hui obsolètes, voire ridicules et risibles ?

Peut-on ignorer les dangers biologiques que l'homme fait peser sur le monde ?

Quelle attitude et quelles stratégies tout humaniste digne de ce nom peut-il adopter en ce qui concerne les zones du monde où sont peu ou prou bafoués les droits de l'homme ?

Enfin peut-on ignorer la misère des hommes ?

Autant de questions posées par l'Abbé Pierre qui s'impose en champion toutes catégories de la franchise et qui, même sur des sujets graves et douloureux, nous régale de formules à l'emporte-pièce car... Dieu sait qu'il ne pratique pas le genre « politiquement correct » ou la « langue de bois ».

Peut-on vivre en marge de son temps ?

Ne pas être complètement dépassé

Je viens de m'acheter un gros bouquin pour me mettre à l'informatique ; son titre : *Pour les nuls*.

Ce titre est très drôle et, en même temps, pathétique quand je pense à tous ces pères de famille au chômage qui, parfois à plus de cinquante ans, doivent tout réapprendre pour ne pas être complètement dépassés.

Un âge nouveau…

Nous entrons dans un âge totalement nouveau où l'humanité entière est condamnée à tout savoir.

Le jour où disparaîtra la mitre...

J'attends avec impatience le jour où disparaîtra la mitre dont sont toujours coiffés pape, évêques et abbés !

N'est-elle pas le rappel de ces époques de honteux marchandages, quand une grande partie du produit du travail des moines – et du peuple – était remise à un abbé devenu ecclésiastique parce que papa lui avait acheté un bénéfice ?

Pitié pour le pape !

Depuis des années, j'ai une immense pitié pour tous les évêques, et plus encore pour le pape.

Porter ces charges dans les temps que nous vivons, ce doit être, humainement parlant, épouvantable.

Sous un véritable déluge d'informations

Notre société est mal élevée.

Elle empiète sur tout et sur tous.

Elle ne nous laisse pas être à nous-mêmes.

Nous vivons sous un véritable déluge d'informations : meurtres, catastrophes et malheurs du monde risquent d'envahir toute notre conscience.

Et cela se passe avec notre complicité car, si l'on voulait résister, on y arriverait.

Encore faut-il avoir conscience que, si nous ne créons pas les moyens d'une hygiène psychique, mystique, sociale, politique, nous courons le risque de devenir des drogués, impuissants face à ce qui, finalement, est une caricature de la réalité.

PEUT-ON IGNORER LES MENACES QUI PÈSENT SUR LE MONDE ?

Un péril terrifiant

Les puissances les plus gigantesques matériellement, celles de l'Amérique proche de nous, sont, pour l'univers, un péril terrifiant à cause des maladresses que leur puissance peut porter à des proportions fantastiques.

Elles sont un péril gigantesque si les nations, certes incapables de prétendre à une égalité de puissance matérielle ou financière, les nations les plus vieilles, les nations saignées, lassées, les nations comme la nôtre, ne prennent pas conscience qu'elles ont une responsabilité à assumer auprès de cette puissance.

Les inondations du monde

Les inondations chez nous et à travers le monde ne viennent-elles pas de la folie du réchauffement, degré après degré, de notre terre, sous nos océans nuit et jour, faisant évaporer toujours plus d'eau pour, refroidie, s'abattre sur les campagnes et les logis ?

Les dangers biologiques nouveaux

Longtemps, beaucoup des habitants des pays industrialisés ont vécu avec l'impression rassurante que la misère et la faim étaient des accidents de plus en plus rares, reculant devant lois sociales et bienfaisances privées.

Brutalement, deux faits forcent à voir : la multiplication des moyens d'information et la science nouvelle des dangers biologiques mondiaux.

Tchernobyl

Lors de la catastrophe, j'étais en Finlande où nous formions une communauté dans les pays baltes. J'ai été surpris de constater que les directives en ce qui concerne l'information donnée par Moscou étaient très libérales, très ouvertes, ils voulaient tout dire. Dans les journaux russes qui nous arrivaient, des pages entières montraient des enfants anormaux, des animaux estropiés, etc. C'était épouvantable. Paradoxalement, chez nous, les médias n'ont pas osé dire la vérité.

Quand on gâche la terre

Personne n'ignore plus que la famine peut envahir la terre par la faute des hommes, détruisant les forêts, souillant air et eaux.

Une organisation scientifique internationale est née pour l'étude de ces dangers, pour alerter l'opinion, pour imposer les protections.

Lutter ici, c'est sûrement encore servir premiers les plus petits. Car les forts gardent longtemps des moyens d'ignorer les ravages du monde ou de s'en enrichir. Mais n'est-ce pas son dernier bien qu'on vole au faible quand on gâche la terre ?

Les premiers viols du droit

Toutes les dictatures, tous les terrorismes, tous les fascismes ont commencé parce que devant les premiers viols du droit on est resté muet. Il faut toujours alors se lever et crier à l'injustice. J'ai jeûné pour cela. J'accepte d'être assassiné pour cela. Parce que je me sentirais un lâche si je ne le faisais pas.

Vive l'Europe

Puisse l'Europe vite se réaliser, et pas pour des bénéfices chez les possédants, mais pour offrir des modes de politiques porteurs d'espoir.

Quand, dans les villes, l'homme ne sait plus qui est l'homme…

L'homme est perdu, isolé, dans cette foule urbaine qui n'a plus de visage reconnaissable.

Comment la rencontre pourrait-elle vraiment avoir lieu dans cette ville envahie par la circulation, et où il arrive que les seuls échanges soient ceux des cartes de visite à l'occasion d'accrochages et de tôles froissées ?

Dans ces lieux de misère, l'homme ne sait plus qui est l'homme.

PEUT-ON IGNORER LA MISÈRE DU MONDE ?

J'arrive de Tananarive. Là, le cyclone le plus récent a ruiné des villages entiers. Nous ne bâtissons pas des cabanes mais de vrais logis pour des êtres humains. Jamais je n'ai vu de pareils spectacles, si ce n'est à Calcutta, une nuit. Mais à Madagascar, c'est pire. C'est par milliers que les enfants en foule le long des rues crient leur accueil et leur espoir devant ce que déjà nous avons pu bâtir. Oui, là ma raison m'a conduit, pour la première fois en quatre-vingt-huit ans, au bord du blasphème.

Grâce à Dieu ma foi survit quand même, et plus profonde, et je me vois différent de mon passé, devenu plus exigeant et me voulant déterminé, comme citoyen, décidé à lutter pour une autre politique dans les partages du monde.

Un milliard de « sans-abri »

Il y a dans le monde un milliard de « sans-abri » qui n'ont, pour beaucoup, pas même l'étable de Bethléem ! Oui, dans l'humidité dangereuse des pays du Sud, dans le froid glacial des pays du Nord, un habitant de la planète sur cinq couche dehors !

L'étroitesse de notre regard

Ouvrons grands les yeux.

Comme elle est détestable, cette étroitesse du regard que nous portons sur les problèmes quand ils ne sont pas les nôtres !

Quand, dans le monde, des hommes meurent encore de faim, quand en France des hommes meurent encore de froid, je crie à ceux qui nous gouvernent :

– Vous êtes coupables de non-assistance à personnes en danger !

Et nous, l'opinion publique, nous sommes complices.

Au sujet du logement

Il est plus important de construire des logements que des églises.

Le logement est aussi nécessaire que le pain ?

Ce que veulent ceux qui n'ont pas de toit, pas l'aumône, pas la pitié ni la charité. Ils veulent un bail et une clé.

La messe ou la maison

Avec les compagnons, au début, on travaillait le dimanche.

Je disais que, quand les gens n'ont pas de maison, le problème n'est pas de leur dire d'aller à la messe, mais de construire une maison.

Quand la profonde souffrance rend muet

À partir d'un certain degré de souffrance et de détresse, on ne fait pas grève, on ne se révolte pas.

On est tellement humilié qu'on se cache.

La profonde souffrance rend muet.

NE PAS PRATIQUER LA LANGUE DE BOIS

De la démocratie

Comme le disait un de mes vieux amis qui avait longtemps été parlementaire :

– Faut-il que la dictature soit une chose abominable pour qu'elle soit pire que la démocratie !

Des élus

Tant que les élus seront recrutés parmi les électeurs, la proportion de gens excellents et de gens exécrables sera à peu près la même des deux côtés… Seulement, évidemment, il est plus facile aux malhonnêtes de se servir de leur part de pouvoir pour mal faire, qu'il n'est facile aux meilleurs de réaliser le bien public.

Le partage

On sera contraint – quel que soit le gouvernement – d'arriver à un partage afin que puissent travailler tous ceux qui en ont la capacité.

Pitié contre justice

La pitié n'est pas une fin. Seule la justice est un but digne de l'homme.

Quand la misère juge

Les hommes politiques ne connaissent la misère que par les statistiques. On ne pleure pas devant les chiffres.

Assez d'indifférence ! C'est la guerre ! La guerre de défense contre la misère qui attaque l'univers total des hommes…

Il faut le redire une fois encore, c'est la misère qui va juger et arbitrer les destins de la terre, comme c'est elle qui, lorsque nous paraîtrons devant Dieu, nous jugera car notre foi nous l'affirme, à cette heure-là, le Seigneur dira à chacun de nous : « J'ai eu faim, j'ai eu froid. Où que tu aies vécu, en quelque siècle que tu aies vécu, ceux qui avaient faim, ceux qui avaient froid et qui pleuraient à côté de toi, c'était moi. »

La plainte qui remplit l'univers

Je ne sais pas prier de demandes, je ne peux prier que d'adoration.

Naturellement, il y a des moments où l'on porte la plainte qui remplit l'univers que nous connaissons. Mais ce n'est pas comme une demande à proprement parler ; c'est dans l'Adoration en sachant bien que l'Éternel connaît mieux que nous ce que nous voudrions lui dire.

L'avenir

Il appartient à ceux qui sauront aller porter l'espérance au milieu du désespoir.

« Il faut avoir le courage de regarder »

Quand on est petit, déjà, on le sait : Il y a des choses mal, des choses mauvaises, cela ne sert à rien de fermer les yeux ; il faut avoir le courage de regarder, de se priver un peu pour aider à lutter contre la faim, avec les petits moyens qu'un enfant peut avoir.

L'argent du monde

Avec tout l'argent du monde, on ne fait pas des hommes, on les dégrade ; mais avec des hommes qui se donnent eux-mêmes, on fait tout, y compris l'argent, utile, dès lors qu'il n'est plus maître mais serviteur.

La guerre ou les maisons

De l'argent pour la guerre, on en trouve toujours, et pas de moyens pour les maisons.

L'avenir d'Emmaüs

Puissent les légitimes conforts gagnés dans le rude labeur au service des plus souffrants ne pas conduire les plus nouveaux aux décadences dont sont toujours menacées les réussites, peu à peu à la disparition morale de l'esprit d'Emmaüs, à l'arrêt du mouvement, à sa mort.

Des inégalités sociales

Oui, la vie est tissée d'inégalités. Pour moi l'abolition de toutes les inégalités sociales n'a aucun sens. Je trouve simplement qu'on leur a ajouté une valeur considérable qui n'a pas lieu d'être. Le travail de celui qui exerce une activité subalterne est aussi utile à la vie de tous que celui du cadre supérieur. Tout le monde ne peut pas faire Polytechnique… et la société serait bien embarrassée si demain elle n'était plus constituée que d'ingénieurs ! Il n'y a aucune honte à être parent d'un enfant qui « ne peut pas suivre » à l'école. Doit exister, pour lui aussi, un emploi rétribué et respecté.

Du jeûne

Que personne ne s'engage dans les grands jeûnes sans un très fort appui spirituel au cœur de soi-même.

L'ordre et le désordre

Il ne faut ni décourager celui qui dit : « Chez moi, c'est bien ! » ni le laisser jeter l'opprobre sur celui chez qui tout n'est pas bien peigné. L'ordre est parfois le pire désordre par rapport à la vie.

De l'avortement

Il y a des cas où un chrétien peut considérer qu'hélas l'avortement est le moindre mal.

L'admiration

Entre hommes, l'admiration n'est que néant.

L'âme et la chemise

L'homme a une âme ; mais avant de lui en parler, qu'on mette une chemise et un toit au-dessus de cette âme. Après on lui explique ce qu'il y a dedans.

Tyrannicide

Les théologiens ont toujours admis que le « tyrannicide » était le moindre mal pour épargner la multiplication des victimes. Il y a des cas où, dans la guerre de défense, on peut se trouver dans le devoir de tuer. Ceux qui, par exemple, ont préparé les attentats contre Hitler agissaient sans aucun doute en fidèles à l'Amour…

De la réincarnation

Je ne suis pas du tout pour la réincarnation. Une fois, ça suffit.

Les risques de la réussite

Je me souviens, lorsque j'étais jeune moine capucin, était venu me voir un jeune prêtre ami, beau, brillant, accumulant les doctorats, et grisé de tant de succès.

J'étais un peu épouvanté de sa soif de « carrière ».

Comme nous allions nous quitter, il me dit de prier pour lui. Et, fraternel et souriant, je ne pus me retenir de lui dire :

– Oui, je vais prier pour que, pour quelque temps, tu attrapes la lèpre !

C'est si grand risque de gâcher l'essentiel quand on se trouve dans trop de réussite.

Au secours !

Lorsque nous avons crié « au secours », ça n'a pas été une parole qui venait d'en haut, de gens officiels qui avaient de l'autorité. Ça n'a pas été non plus une parole qui venait d'un comité de dames ou de messieurs, peut-être très chics et admirables, mais qui, lorsqu'ils sont appelés à venir au secours de la misère, en parlent comme de quelque chose qu'ils voient d'un balcon, parce qu'ils ne sont pas dedans. Ils disent : « Ces gens sont si malheureux ! Il faut qu'on les aide ! »

Mais ils le disent du dehors, ils le disent d'au-dessus...

Et on se ment

Si l'on ne regarde que les fleurs qui fleurissent et la beauté des étoiles, on met la main sur l'autre œil pour ne pas voir l'horreur, et on se ment.

Les pauvres, les ruinés, les écrasés

La parole : « Il y a toujours des pauvres parmi nous » va peut-être bientôt prendre un sens nouveau, nous faisant voir que, sans doute, il y aura toujours des pauvres sur la Terre, mais que l'heure approche où, du fait de la mondialisation de l'économie et de l'essor de l'Asie, ce ne seront pas toujours les mêmes qui seront les pauvres, les ruinés, les écrasés.

La misère fondamentale, c'est d'avoir très fort le sentiment d'être de trop.

Au seuil d'émerveillements imprévisibles

Nous voici arrivés au seuil d'émerveillements imprévisibles et en même temps à un niveau de *cruauté* qui, hier encore, était inimaginable.

Nous sommes tous des hypocrites

Nous sommes tous des hypocrites, moi comme les autres. Quand la misère ne se voit plus, nous avons vite fait d'y devenir indifférents. Pourvu qu'elle ne soit pas visible et qu'elle ait le bon goût de ne pas gâter notre bonheur, notre petit confort, nous sommes tranquilles.

Quand tu auras vendu tes doses

Aux États-Unis, nous avons une communauté à New York dans la partie la plus horrible que l'on puisse imaginer, à l'extrémité de l'île de Manhattan, l'île des gratte-ciel dont tout le monde connaît des images du quartier où se brassent toutes les puissantes affaires du monde.

En continuant les mêmes rues, les mêmes avenues, la 5e Avenue, les Champs-Élysées de Manhattan, en poursuivant seulement un kilomètre plus loin que les dernières maisons des riches, on trouve le plus horrible désespoir, le quartier abandonné par la bourgeoisie qui a été vivre à la campagne et dont les maisons ont été occupées par les plus malheureux, ravagés par la drogue, sans travail, exploités par les trafiquants qui, eux, ne se droguent pas, mais font des fortunes sur le malheur des autres. Ils s'ingénient à rendre malades les gens de la rue, de manière à les utiliser comme revendeurs quand ils en auront besoin. « Quand tu auras vendu dix, quinze, vingt doses, tu auras la tienne. »

Harangue aux riches

Emmaüs n'est pas seulement un mouvement qui sauve des désespérés, et qui les sauve matériellement et moralement. Par contrecoup (pas tout seul certes et uni à bien d'autres formes d'action), Emmaüs est un mouvement qui contribue très fort à dire à ceux que l'on peut appeler globalement « les riches » :

Même si tu as eu honnêtement ton privilège, n'oublie pas que tu deviens un voleur si ton privilège n'est pas un service, et toujours plus préoccupé de découvrir les oubliés, les isolés, un service qui te fera lutter, jusque dans les lois, pour rappeler perpétuellement les faibles que l'on oublie, et pour oser dire : « Nous sommes des criminels si, avant d'embellir et de rendre plus agréable la vie de ceux qui ont le nécessaire, nous ne luttons pas pour rendre enfin humaine la vie des moins heureux. »

IX

Se consacrer à l'action

L'Abbé Pierre incarne remarquablement la figure de l'intellectuel engagé et sincère.

Au terme d'une enfance et d'une adolescence plutôt studieuses, tournées vers la lecture et la méditation d'écrivains classiques de son temps tels qu'Ernest Renan, Charles Péguy ou Ernest Psichari, il choisit de se consacrer à l'action.

À lire avec attention – entre les lignes – les nombreuses confidences qui émaillent ses écrits, des plus anciens aux plus récents, on se rend bien compte qu'il aurait aimé le silence feutré des cabinets de travail et l'atmosphère un peu compassée des bibliothèques bien fournies en textes anciens, profanes et sacrés, au cœur desquels s'échauffent les esprits, naissent les idées puis les livres.

Au terme de ses humanités, devenu un véritable humaniste, l'Abbé Pierre abandonne les pages imprimées ou encore blanches, au profit de la brique ; il délaisse le stylo au profit de la truelle et de la ponceuse.

Nombre de ses textes, dès lors, insistent sur l'urgence des actions à mener comme sur leur diversité. C'est principalement en faveur des plus démunis, des laissés-pour-compte de la société qu'il livre lui-même le combat et exhorte tous les hommes de bonne volonté, politiques ou non, à suivre son exemple. Il est animé par un leitmotiv : « Seul, on ne peut rien, ensemble on peut tout. » Tout au long de sa vie, il ne cesse de s'exprimer et de délivrer des messages, que ce soit par écrit ou par le verbe proféré sur les ondes et sur les écrans ; la création de logements dignes pour les défavorisés est l'un de ses chevaux de bataille.

Il joint encore le geste à la parole et la parole au geste en réinsérant ceux qu'il appelle les « cabossés de la vie » et fonde, dès 1949, les premières communautés d'Emmaüs, dont il est question plus haut.

Mais tout se tient, se mêle et s'imbrique, et aux malheurs des hommes – ce n'est pas un hasard – s'ajoutent ceux de la planète. Là encore, l'Abbé Pierre prône l'action et s'y investit avec ardeur et énergie, infatigable, admirable.

Urgence de l'action

Nous imprégner de la douleur

De toutes nos tâches, la première est de nous imprégner de la douleur qui nous entoure et de l'imposer à tous pour qu'elle ne soit plus supportable aux heureux autant qu'aux malheureux.

Les yeux pour le malheur

Pour vaincre le malheur, osons ouvrir les yeux et combattre.

Objectifs

Nous voulons que le pays voie ses destinées dirigées par des hommes de son choix

Que les libertés locales, dans un cadre rénové, soient restaurées et renforcées.

Que les travailleurs regroupés dans leurs libres syndicats participent à la direction de la vie économique de la nation.

Juste : Nous voulons que l'État ne soit plus au service des puissances financières, que le travailleur trouve enfin, dans la nation, la place qui lui est due.

Forte : Nous voulons un État fort parce que liberté et justice ne peuvent être établies que par un tel État.

[Objectifs fixés par l'Abbé Pierre et exposés dans un petit journal créé pendant l'Occupation, sous le titre *L'Union patriotique indépendante.*]

Réagissons pour vaincre le malheur du monde

Réagissons pour vaincre le malheur qui se répand avec les écarts scandaleux entre ce que l'on gagne dans les pays pauvres et dans les pays riches, provoquant l'irrésistible émigration de ceux qui ont pu acquérir une compétence universitaire.

Et encore le malheur ! Avec l'immigration toujours croissante de ceux qui ne veulent pas désespérer. Et ce n'est qu'un début. Peut-on prévoir ce que cela sera bientôt si on est attentif à l'éveil d'un milliard et demi de Chinois et un milliard d'Indiens ?

Quant au malheur français, on le voit dans la manière de vivre de ces 200 000 familles ruinées chaque année et privées de tout, par la faillite qui frappe chaque année 200 000 entreprises, abattant un million de personnes. Voudrait-on que l'État réduise les budgets de l'éducation, de la santé ou quels autres ? Nous ne saurions nous arracher de nos malheurs par quelques grands travaux comme le firent les dictatures. Réagissons, il est encore temps ! C'est la guerre.

Vers de nouvelles insurrections ?

Après l'insurrection de la bonté et du bon sens, si ne se réalise, avec la force et la promptitude nécessaires, l'insurrection de la justice, alors ce seront, inévitablement et simultanément, les insurrections de la colère et les dégénérescences du dégoût...

Permettez-moi, avec toute ma respectueuse et cordiale sympathie, de vous crier, à vous qui êtes en ce jour même, anniversaire du soulèvement de voici deux ans, investi, comme rarement président le fut, de la confiance et de l'espérance populaires, permettez-moi de vous crier :

– Au secours ! Délivrez ce pays de quelques mensonges mortels, meurtriers, sous lesquels, depuis si longtemps, on le mutile et l'écœure !

Les beaux jours de l'action à venir

Après toutes ces années de combats et de luttes pour améliorer le sort des hommes, je pense que l'œuvre pour la paix et la justice dans le monde a encore de beaux jours devant elle. Je ne suis pas sûr que l'homme réussira.

L'urgence de l'urgence

Il faut que la voix des hommes sans voix empêche les puissants de dormir.

Savoir se placer à la place de l'autre

La première règle avant d'agir, c'est de se placer à la place de l'autre. Nulle vraie recherche du bien commun ne sera possible hors de là.

Le monde et les hommes

Le monde est malheureux.

Ceux d'entre nous qui ne sont pas affamés, ni sans travail, ni sans logis, sauront-ils vivre ce que la détresse implacable des autres réclame d'eux ?

Le monde est malheureux.

Probablement plus que jamais. Il l'est à l'échelle du monde entier car il y a l'aveugle refus de chefs d'État de mettre un frein à la pollution – dont s'enrichissent des chefs d'industrie – tandis qu'elle détraque irrémédiablement notre terre, comme le crient les inondations survenant à tour de rôle dans tous les continents. Et on nous dit que ce n'est qu'un début. Réagissons, il est encore temps

La question des logis

L'urgence, c'est de mettre des gens qui n'ont pas de logis dans des logis qui n'ont pas de gens.

Le cri de 2003

Refusons à tous ceux qui décident, élus et ministre du Logement, le droit de diminuer le budget logement. Deux millions de Français sont encore mal logés ou dans des gîtes inhumains surpeuplés. Cinquante mille « sans-logis » grelottent dans le froid, ou meurent écrasés de chaleur dans les canicules. Cette réalité ne peut que pousser la jeunesse au désespoir ou à la délinquance.

Nous qui sommes logés, que serions-nous si, dans notre enfance, nous avions dû grandir dans cette détresse ? Où en serait notre santé ? Qu'aurait été notre scolarité ?

Oui, il faut le crier : Assez d'indifférence ou d'aveuglement !

Agissons tous, où que nous soyons, pour interdire que soit encore, cette année, réduite la construction de logements et sauvons par priorité les logements sociaux à la portée des plus démunis.

Savoir et vouloir intervenir

J'étais sûr, avec l'expérience d'une déjà longue vie, que chaque événement est plus que lui-même, et que notre responsabilité de vivant est de vouloir intervenir, inlassablement, pour que chaque situation, ou événement, puisse donner de tout le fruit le meilleur qu'il contient en germe. Ne pas l'empêcher.

Ne pas refuser ce qui dépend de nous.

L'urgence du partage

Nous sommes aujourd'hui contraints au partage.

Ce n'est pas une mode, c'est une réalité brutale comme celle du chômage et de la pauvreté.

Nous serons, demain, obligés à une redistribution du temps de travail et du revenu du travail.

Un toit, du travail et du pain

Ceux qui crèvent de faim, qui n'ont ni toit ni travail, ils s'en fichent pas mal des discours philosophiques et théoriques sur la dignité de la personne humaine, sur la supériorité du bulletin de vote, sur la haute valeur des constitutions qui garantissent les droits de l'homme. Tout ça, pour eux, ce sera pour demain, ou après-demain.

Une seule chose les hante : Où ai-je l'espoir d'avoir plus vite un toit, du travail et du pain ?

Leçons pour l'action

Une précieuse leçon de sagesse

Écoutez, je vais vous confier une précieuse leçon de sagesse. Depuis que, il y a cinquante ans, je l'ai découverte, souvent elle m'a été utile. Que tout le monde en profite.

Je l'ai trouvée écrite à la première page d'un cahier *Livre de raison*, de quelque lointain aïeul. Ce vieux cahier traînait dans le grenier d'une maison de famille, du côté de ma mère, dans les monts du Lyonnais.

Voici le texte :

« Mes fils, toujours souvenez-vous que, dans la vie, mieux vaut être dupé que dupeur.

Mais, plus encore, souvenez-vous que, grâce à Dieu, il ne manque pas de moyens honnêtes de n'être ni l'un, ni l'autre, et de faire heureusement prospérer les affaires dont on a la charge. »

Est-ce mal d'essayer de l'avoir cette sorte-là d'ambition ? Oui je m'efforce de l'avoir. Entraidons-nous les uns les autres pour en vivre la belle sagesse.

De la contemplation à l'action

C'est pèlerin à Assise, vers mes quinze ans, que, au tout petit couvent accroché aux grottes de la montagne, les Carceri, pour la première fois, je perçus l'intensité de cette « autre action » qui peut se trouver, se vivre et servir, dans la contemplation, l'Adoration, son irremplaçable utilité, nécessité, aux abords des multitudes et jusqu'au milieu d'elles…

Action contre charité

La vraie charité ne consiste pas à pleurer ou simplement à donner, mais à agir contre l'injustice.

L'ordre des moines bâtisseurs

Comme il y a eu autrefois des frères pontifes qui construisaient des ponts pour éviter aux pauvres les péages féodaux, je voudrais, aujourd'hui, créer et lancer dans le monde de petites communautés de moines bâtisseurs, plus proches de la masse que les religieux des grands ordres, mais moins perdues en elle que peuvent l'être les prêtres ouvriers.

Les droits d'action de la jeunesse

Dans mon testament, je m'adresse à la jeunesse.

Je dis aux jeunes qu'ils doivent se préparer à donner un ou deux ans de leur vie pour aider les pays pauvres.

Le dur devoir de la continuation de l'action

Bien sûr, chaque famille à l'abri, c'est une joie. Bien sûr, chaque homme hier seul, déraciné, désespéré, enfin retrouvant l'amitié, la dignité et l'espérance, c'est indiciblement bon. Bien sûr, plus que tout, chaque enfant dont les larmes cessent et pour qui la vie commence de mériter le nom de vie, c'est merveilleux...

Mais jadis, quand nous commencions devant un gars dans le malheur, devant une famille sans gîte, on y arrivait ! Bientôt c'était réglé, ce n'était que bonheur, puis repos. Alors qu'aujourd'hui, parce qu'on s'est laissé emporter par l'îlot des détresses, à longueur d'heures et de jours, on est submergé jusqu'à n'en plus pouvoir...

Alors, ces « merveilles » pour lesquelles on nous admire, nous en enrageons. Car c'est pire, mille fois pire qu'avant. Pour nous, que leur souffrance envahit, pour eux, dont l'attente s'exaspère, qui pensent que nous aurions dû pouvoir réaliser pour eux, en un jour, ce qui pour d'autres est déjà terminé ; pour vous tous, amis, qui, désormais, ne pouvez plus ignorer ni l'horreur ni l'étendue de tant d'injustes peines. Pour tous les gens de malheurs et pour tous les gens de cœur, c'est pire.

Les multiples facettes de l'action

La responsabilité de chacun implique deux actes : vouloir savoir et oser dire.

Agir pour donner des raisons de vivre

Pas de paternalisme.

Il ne s'agit pas uniquement de donner de quoi vivre, mais de rendre aux malheureux des raisons de vivre.

Note à la jeunesse

Je répète constamment à la jeunesse :

– Vous n'avez pas le droit de dire : la politique est malpropre, je ne m'en mêle pas.

Vous devez vous préparer à accepter des responsabilités, depuis le conseil municipal de votre village jusqu'à l'Élysée s'il le faut, si c'est possible.

Mais il faut être conscient que la politique, plus que jamais, est une science, qu'elle suppose des connaissances en économie et en relations internationales.

Ce que je dis, ce n'est pas de vous en mêler dans l'immédiat, quand vous êtes encore à l'école, mais écoutez ! Avant tout, travaillez ! Vous allez devenir mécanicien ou avocat, eh bien, travaillez pour devenir le meilleur dans votre gagne-pain. Alors vous serez crédible, écoutable, supportable si vous êtes le meilleur du patelin dans votre domaine. Autrement, bouclez-la !

Votre action politique commence comme ça : devenez des personnalités, même dans la boulangerie.

Agir en faveur de la terre

Écouter les leçons de la nature

Les urbanistes devraient écouter les leçons de la nature. Moi-même, en 1954, je n'ai pas su le faire. J'étais tellement pressé par la nécessité de donner une clé à toutes les familles sans logis que quelques-unes de ces « cités d'urgence » ont été bâties en hâte sur des décharges à peine tassées, seuls terrains que certaines municipalités avaient bien voulu nous concéder. Les immeubles, rapidement, se sont fissurés, et c'était si bruyant qu'aucune intimité n'était possible. (Heureusement, la grande majorité des bâtiments a tenu bon et quarante mille familles ont pu s'y loger.)

Nous sommes le sel de la vie

Nous sommes le sel de la terre.

Sans cette pincée, insignifiante, le repas est insipide.

Être le sel de la terre nous donne deux devoirs : ne pas avoir perdu notre saveur et ne pas rester inutilisés dans notre bocal. Si nous assumons ces deux devoirs, c'est l'humanité tout entière qui sera savoureuse et, nous pouvons l'espérer, sauvée. Mais si nous trichons, le sel ne sera plus bon qu'à être jeté et piétiné dans la poussière.

La Terre n'est pas à nous

La Terre n'est pas à nous.

Cette notion, fondamentale, est rappelée par les écologistes. En laissant de côté tous les phénomènes parasites, je considère que cette attention nouvelle à l'environnement est un événement capital pour l'histoire de l'humanité. Dorénavant, nous porterons un autre regard sur les activités humaines. Jusqu'alors on exploitait la Terre comme on presse une éponge, sans aucune limite, avec une obsession : aller plus vite que le voisin pour être vainqueur au jeu de la concurrence. Le désastre, déjà très engagé, était assuré.

Dieu merci, les hommes ont compris qu'il fallait cesser ce mode d'exploitation sans frein, qu'il fallait cesser aussi de produire sans prendre garde aux effets catastrophiques de la pollution.

Au cours des millénaires, l'humanité s'est développée en détruisant la forêt. Elle l'a fait – et continue à le faire – sans précaution : regardez ce qui se passe en Amazonie ! Heureusement, on voit aujourd'hui des pays du Sahel, comme le Burkina Faso, engager de grandes campagnes de reforestation.

Il faut conquérir la Terre

Pour la première fois dans l'histoire de l'humanité, on ne se sauvera pas les uns sans les autres.

L'humanité, c'est une tribu qui doit traverser un désert, conquérir plus qu'un continent : la Terre.

On ne peut laisser massacrer les plus faibles…

Il faudra retrouver une place pour chacun, une place utile. Autrefois, même l'idiot du village avait la sienne : il tirait le soufflet du forgeron, il mettait le bois dans le four communal…

Nous avons à réinventer le village de la Terre, avec une place pour chacun, depuis le plus doué jusqu'au minus.

Nous sommes au pied d'une montagne. Des montagnes ont été gravies par des générations avant nous. Par la mienne, par les nôtres. Mais, cette fois, nous entrons dans une période qui n'est comparable à aucune autre : tout est global, tout est planétaire. Il faut donc refaire la cordée pour gravir cette montagne. Et là, tu joues ou tu ne joues pas. Tu n'as pas à choisir.

Sachons inventer

Conscients du dommage causé à ce qu'on appelle aujourd'hui l'environnement, conscients que nous sommes en train de scier la branche sur laquelle nous sommes assis, nous devons, sans plus tarder, trouver les solutions et les mettre en œuvre.

Il n'y a pas de réponse uniquc.

Il faut faire jouer les compétences.

J'ai confiance en l'ingéniosité humaine.

Au lieu de détruire des milliers d'hectares de forêt sans lesquels la Terre viendrait à manquer d'oxygène et d'eau, sachons inventer les moyens de nous chauffer et de nous nourrir sans blesser davantage la nature. Au lieu d'apporter aux peuples qui ont faim des cargaisons de denrées qui trop souvent périssent avant d'être distribuées, sachons leur offrir des semences adaptées à leur sol et des engrais qui ne soient pas agents de pollution. Et, puisque la chimie permet de fabriquer des matières totalement nouvelles, susceptibles, en s'ajoutant aux fruits de la nature, de répondre aux besoins d'une humanité de plus en plus nombreuse, faisons de ces recherches une priorité !

L'appel de 1981

Il faut qu'il n'y ait plus, pour celui qui est bien logé, cette angoisse de penser que son camarade d'atelier, que son ami, lui, ne sait plus où poser le berceau de son dernier-né.

Il faut que, partout sur la terre de France, nous fassions fleurir des maisons, des enfants et des fleurs.

Toi, Français, qui que tu sois, à l'heure où tu reçois le fruit de ton travail, dis-toi bien que, si tu es bien logé, tu ne peux pas t'endormir la conscience en paix, à côté de tes petits enfants qui sont au chaud et qui sont heureux, si tu n'as pas, le jour de ta paie, mis quelque chose de côté pour secourir ton frère qui n'a pas de logement.

Certains ne peuvent donner que 10 francs sur leur paie. D'autres – ils sont nombreux – peuvent mettre 10 000 francs ou 50 000 francs sans que cela les prive d'un seul gramme de beurre sur leur pain.

Que tous le fassent, alors nous retrouverons véritablement un peuple uni, dans une nation où il y aura de l'amitié parce qu'il n'y aura plus de larmes, où il n'y aura plus de souffrances injustes pour le travailleur.

X

Accueillir la mort avec sérénité

Nombre de sujets sont restés tabous des décennies durant et pour des générations entières : l'argent ou l'amour physique, par exemple.

Concernant ce que gagnent certains chefs d'entreprise, les *profit-share* à l'échelle internationale et autres types de *jackpots* divers, ou encore les pratiques sexuelles des uns et des autres, les tabous ont pris du plomb dans l'aile. Une certaine transparence est désormais souvent de mise.

Quand il s'agit de la mort, en revanche, les mentalités semblent stagner au *statu quo*. Il n'y a qu'à considérer les réticences que nous éprouvons, ne serait-ce qu'à lire les brochures qui proposent de mourir dans la dignité ou de faire don de ses organes pour vérifier que l'heure de la sérénité concernant le grand départ n'a pas encore franchement retenti pour notre horloge interne.

D'où, par là même, le prix inestimable des paroles de l'Abbé Pierre sur le sujet. Voilà un homme d'expérience qui avait fait le deuil de nombre de ses proches ; un homme qui avait échappé à la mort à plusieurs reprises. Et – comble d'étonnement et de bonheur – le discours qu'il tenait sur la mort était des plus toniques, des plus ressourçants, des plus réconfortants. Autant d'excellentes raisons pour l'entendre et le faire devenir nôtre très vite quelles que soient nos opinions et nos craintes.

Aujourd'hui, au lieu de se lamenter sur la disparition de l'Abbé Pierre, au lieu de le pleurer, il est clair qu'il faut se réjouir et que chacun inscrive ces paroles de consolation au plus profond de son cœur de manière à en finir une bonne fois pour toutes avec cette hantise qui étreint la plupart de nous. Force est d'admettre que ce viatique extraordinaire est aussi à mettre au crédit du legs fabuleux que nous a laissé l'Abbé Pierre.

La mort vécue

La mort du grand-père

Mon grand-père est mort quand j'avais sept ou huit ans.

Il habitait avec nous. Papa et maman nous conduisirent dans la chambre pour une prière, avant que son corps ne soit mis en bière.

Je pensais alors : « Pourquoi ont-ils l'air tristes, puisqu'ils aiment bon-papa et qu'ils savent qu'il est maintenant chez le bon Dieu où l'on est plus heureux qu'ici ? »

Je me suis dit : « Il est sûrement au ciel, mais moi, je ne veux pas attendre aussi longtemps que lui pour y aller. »

Depuis ce temps, je fais toujours la même prière ; je veux mourir jeune !... C'est plutôt raté !

La Providence m'a épargné les morts intimes

L'absence de ceux que l'on a aimés est, je le sais, douloureuse, mais je la vis de manière tout à fait particulière. Peut-être parce que, entré à dix-neuf ans au couvent, j'ai vécu pendant sept ans l'absence des miens.

Et puis la Providence m'a épargné les morts intimes, les morts atroces.

Pourtant, j'ai vu mourir beaucoup de gens, j'ai assisté des blessés, accompagné des mourants, mais je n'ai jamais connu l'horreur vécue par les prisonniers dans les camps, ni l'enfer des combattants sous la mitraillette.

La blessure du Général

Oui, il est sans doute impossible de comprendre les grandeurs de De Gaulle sans se souvenir de cette blessure secrète de son cœur de père qui, loin de l'abattre, lui fut un éperon.

Lorsque mourut son enfant, qu'elles furent intenses, à la fois, la confidence et la plainte de sa longue peine et, on ne peut en douter, l'expression de l'espérance de sa foi, forte et simple, quand s'éloignant de la tombe avec son épouse, il dit :

– Enfin, elle est maintenant comme les autres !

Un moment d'accomplissement

Les morts dont j'ai été témoin m'ont toujours paru être un moment d'accomplissement : celui où Dieu cueillait sa fleur.

C'est exactement ce que j'ai ressenti pour Mlle Coutaz. Nous travaillions ensemble depuis trente-six ans quand elle a eu son attaque cérébrale à l'âge de quatre-vingts ans. Dès lors, elle a vécu immobile, mais pas inactive : elle a classé méthodiquement des timbres que j'avais achetés par cinquante kilos. Et moi, j'ai passé des soirées auprès d'elle à faire des petits paquets de cinquante ou cent timbres que j'entourais avec du fil. Ou plutôt, j'essayais : une fois sur deux, je ratais mon coup !

Ainsi j'ai vécu tout proche de la mort imminente et je n'en éprouvais aucune angoisse, tellement je savais que sa pensée, en cela, était semblable à la mienne.

Confidences d'un nonagénaire

J'ai vécu la mort en haute montagne, sur un navire en feu ou dans un embarras d'avion entre Bombay et Calcutta.

Au naufrage sur le rio de la Plata, un jeune journaliste, Philippe Labro, reçut l'ordre de sa direction de tout laisser tomber pour aller couvrir l'événement du naufrage de l'Abbé Pierre sauvé des eaux.

Dans son premier roman, il écrit :

« Quand je suis arrivé, le naufrage, l'Abbé Pierre n'en n'avait plus rien à faire. Il était préoccupé par les familles malheureuses et aussi par ses compagnons et les problèmes qu'il leur aurait laissés s'il était resté au fond de l'eau. Alors, je lui ai demandé :

– Quand on se voit mourir, qu'est-ce que ça fait ?

Il m'a alors fait une réponse inoubliable :

– C'est comme une rencontre longtemps retardée avec un ami. Cette notion de l'ami enlève toute peur. On n'a pas peur d'un ami. Je n'ai jamais eu peur de la mort. »

L'homme et la mort

Il y a, dans l'histoire de l'Homme, un moment qui me bouleverse. C'est celui où les humains ont aligné leurs morts pour les enterrer. On n'a jamais vu les chiens aligner les dépouilles des chiens. Les animaux se cachent pour mourir…

À partir du moment où les restes des défunts ne sont plus laissés là, mais soigneusement rangés, un nouvel âge commence : celui de l'humanité.

La mort analysée

L'homme ne sait plus ce qu'est la fin de la vie.

L'homme, aujourd'hui, avec les progrès de la médecine, arrête la maladie, arrête la mort.

Quoi de plus merveilleux que de faire reculer la mort !

Et, en même temps, voilà que l'homme prend peur parce qu'il ne sait pas plus ce qu'est la vie, il ne sait plus non plus ce qu'est la fin de la vie.

Images lumineuses de la mort

Depuis l'âge de huit ans
Je vis dans l'impatience
De la mort
Du plein soleil
Et de l'eau claire.

Lumières lyonnaises

Les jolies lumières lyonnaises du 8 décembre réveillent toujours en moi le gosse désespéré de ne pas être mort. Ce n'est pas quelque chose de morbide.

C'est la soif de plein soleil et d'eau claire.

Prenez-moi près de vous

Oh oui ! Jésus, prenez-moi vite,
Là-haut, près de vous, au ciel
Jésus, prenez-moi au ciel, à la place de ceux qui souffrent en ce moment et qui peut-être préféreraient rester sur terre.
Jésus, prenez-moi vite.

[Prière en date du 14 octobre 1924]

Dans la plénitude de l'être

Il faut songer à la multitude de ceux que nous n'avons pas connus mais qui, en Dieu, nous connaissent avec notre personnalité et nos combats et qui nous ont aidés ; à la multitude de ceux, moins nombreux, mais que nous avons connus.

Si nous sommes déjà un peu vieux, et pour qui, déjà, est venue la sortie de l'ombre du temps ; ils sont déjà dans la plénitude de l'être.

Une sortie de l'ombre

Si la damnation existe, elle n'est pas le jugement d'un tribunal, pas une sentence.

La mort se résume à cette simplicité : une sortie de l'ombre.

On vit dans l'ombre, l'ombre du temps.

Pour moi, la béatitude ou la damnation, c'est, au moment de la sortie de l'ombre, des ombres du temps, se voir tel que l'on s'est fait. Tu t'es fait suffisant, suffis-toi.

La damnation, c'est l'être condamné à se regarder à perpétuité dans la glace, tout seul avec sa prétendue suffisance…

La béatitude

Et la béatitude originale de chacun sera caractérisée par ce qui aura été sa recherche, son intérêt passionné.

Un musicien aura une béatitude dans l'éblouissement de la combinaison des chiffres, des nombres.

Donc, creuse en toi des appétits car c'est dans la mesure où tu seras insatisfait que tu trouveras satisfaction.

Voilà notre grande espérance

À la sortie de l'ombre, on se voit tel que l'on s'est fait. Voilà notre grande espérance à l'égard de tous les non-croyants.

Car si tu te fais satisfait, suffisant, eh bien, suffis-toi. C'est la malédiction absolue, suffis-toi !

Ou, au contraire, tu te fais communiant. En pouvant te tromper sur les moyens par lesquels tu vas te dévouer, le communisme par exemple, mais tu t'es fait communiant.

Au moment où Jésus parle du Jugement, après lequel il n'y a plus de changement, il ne parle plus de commandements, ni de prière, ni de vertus.

Il n'y a plus qu'une seule notion : « Car j'ai eu faim et vous ne m'avez pas donné à manger, j'ai eu soif et vous ne m'avez pas donné à boire, j'étais un étranger et vous ne m'avez pas recueilli, nu et vous ne m'avez pas vêtu ; malade et en prison, et vous ne m'avez pas visité. »

La mort attendue

Naufrage en Argentine

Le 11 juillet 1963, l'Abbé Pierre est à bord d'un bateau qui fait naufrage. Sur le rio de la Plata, entre l'Argentine et l'Uruguay, le Ciudad de Asuncion *coule ; bilan : quatre-vingts morts.*

Depuis ma première seconde de naufragé, elle (la mort) n'était pas une grande angoisse. Je me suis trouvé dans une excellente sérénité.

Après ce court moment au cours duquel on pense à ses fautes et l'on demande pardon, je n'ai eu qu'une seule pensée : vivement qu'elle vienne !

Pour moi, la mort est une rencontre longtemps retardée avec un ami.

Maranatha

J'aime répéter ce mot qui clôt toute le Bible : *Maranatha*, c'est-à-dire : « Viens, Seigneur, viens ! »

Parfois, souriant, j'aime dire à mes amis que, peut-être (et ce ne serait point du tout trivial) c'est dans ce mot araméen merveilleux, qu'il faut chercher l'étymologie de notre bon argot : « Y en a marre ! » Ah, oui ! Quand viendra l'heure, pouvoir, dans la certitude que c'est alors plénitude de communion à la volonté de Dieu, dire : « Oui. Ça suffit ! *Maranatha !* Viens, Seigneur, enfin ! »

Souvent je pense à la mort

Souvent, je pense à la mort. Je comprends d'ailleurs que certains croient à la réincarnation. Ça ne me paraît pas scandaleux, même si ça me semble superflu, ne serait-ce qu'en vertu d'un vieux principe de philosophie qui dit : « Il ne faut pas multiplier les réalités sans nécessité. »

Maintenant et à l'heure de la rencontre

C'est en toute sérénité que je pense à la mort.

J'avais pris l'habitude de dire, avec un ami qui est en train de mourir, « Je vous salue Marie » en remplaçant les derniers mots par « maintenant et à l'heure de la rencontre ».

J'ai raconté ça à une journaliste et j'ai reçu une lettre d'engueulade d'un vieux prêtre qui avait lu son article : « Quel culot d'oser parler de la rencontre ! Comme si vous étiez sûr que ça se passe bien. »

J'aurais dû lui répondre : « Que ça se passe bien ou pas, c'est la rencontre, de toute façon ! »

Comme une fiancée

En pensant à la mort, je suis heureux comme une fiancée qui attend son fiancé et qui a confiance.

Je suis heureux parce qu'Il va venir.

Et impatient parce qu'Il est en retard...

PRÉPARER SA MORT

N'ayons pas peur. À l'heure de mourir, n'ayons pas peur ! Nous nous verrons en pleine lumière devant notre Père avec les péchés de notre vie.

Mais Notre-Dame, la Vierge Marie, aux côtés de Jésus Notre-Seigneur dira au Père :

– Oui, il ou elle a été pécheur. Mais, Père, regarde comme il ou elle a vécu pour les pauvres, avec les pauvres, pour leur redonner leur pain et leur dignité.

Alors Jésus dira :

– Père, oui, celui-ci ou celle-là sont de mes amis.

Et notre Père dira :

– Merci d'avoir aimé comme vraiment un de mes fils, pour rendre croyable que je suis Amour, malgré tout ce qui, dans la Nature et dans l'Histoire, semble le nier. Entre dans la pleine vie, et Paix, et Joie éternelle.

Sources

L'Abbé Pierre parle aux Canadiens, Éditions de l'Homme (Montréal), 1965.

Le Bal des exclus et autres drames sacrés, Fayard, 1996.

Cent poèmes contre la misère, Le Cherche-Midi/Fondation de France, 1988.

C'est quoi la mort ? Albin Michel, 1999.

Confessions, Albin Michel, 2002.

Je voulais être marin, missionnaire ou brigand. Carnets intimes inédits, Le Cherche-Midi, 2002.

Le Défi de l'Abbé Pierre et les chiffonniers d'Emmaüs, Marne, 1956.

Dieu merci, Centurion, 1995.

Feuilles éparses, poèmes, Éditions d'Emmaüs, 1955.

Miettes de vie, Le Livre ouvert, 1991.

Paroles, Actes Sud, 1999.

Permis de vivre, pièce de théâtre représentée au théâtre de l'Eldorado en décembre 1998.

Le scandale de la faim interpelle l'Église, Apostolat des éditions, 1968.

Testament, Bayard, 1994.

Servir. Paroles de vie, Presses du Châtelet, 2006.

Notes prises lors de son noviciat (archives personnelles de l'Abbé Pierre : carnets de jeunesse de 1927 à 1931).

Poèmes et prières de jeunesse (archives personnelles de l'Abbé Pierre : carnets de jeunesse de 1927 à 1931).

Correspondance

Lettres à François Garbit.

Lettre à Jacques Monod.

Émissions de radio et de télévision

Jacques Chancel, « Radioscopie », France Inter, 24 mai 1989.

Jacques Paugam, « Le jour du Seigneur », 1981.

Articles de presse

Gilles Debardini, *Le Dauphiné libéré*, 5 août 1990.

Le Figaro Magazine, 1985.

Pèlerin Magazine, 24 décembre 1987.

La Croix, 2003.

Autres sources

Communauté de Montbéliard, *À contre-courant avec l'Abbé Pierre*, « Racines », Espaces-Documents, 1985.

Conférence de Lugano, 1966.

Message aux enfants d'Esteville, octobre 1993.

Table

IV. Pratiquer la solidarité

V. Privilégier la réflexion

VI. Accorder une place à la vie spirituelle

VII. Dénoncer les dysfonctionnements

VIII. Pratiquer la lucidité

IX. Se consacrer à l'action

X. Accueillir la mort avec sérénité

DU MÊME AUTEUR

Servir : Paroles de vie
Presses du Châtelet, 2006

La consolation des consolations :
L'Abbé Pierre parle de la mort
Presses du Châtelet, 2007

« Espaces libres »
au format de poche

DERNIERS TITRES PARUS

150. *Petite grammaire de l'érotisme divin*, d'O. VALLET.
151. *La Troisième Voie*, de D.E. HARDING.
152. *Le Rire du tigre*, de M. de SMEDT.
153. *L'Effort et la Grâce*, d'Y. AMAR.
154. *Appel à l'amour*, d'A. de MELLO.
155. *L'Homme intérieur et ses métamorphoses*, de M.-M. DAVY.
156. *Dictionnaire de la symbolique des rêves*, de G. ROMEY.
157. *Le Christianisme en accusation*, de R. RÉMOND et M. LEBOUCHER.
158. *Entre désir et renoncement*, M. de SOLEMNE avec J. KRISTEVA. R. MISHRAHI, S. GERMAIN et DAGPO RIMPOCHE.
159. *Sadhana, un chemin vers Dieu*, d'A de MELLO.
160. *L'Amour comme un défi*, de S. ROUGIER.
161. *Du bon usage de la vie*, de B. BESRET.
162. *La Grâce de la solitude*, M. de SOLEMNE avec C. BOBIN, J.-M. BESNIER, J.-Y. LELOUP et Th. MONOD.
163. *Le Meneur de lune*, de J. BOUSQUET.
164. *Vivre l'islam*, du Cheikh K. BENTOUNÈS.
165. *Méditation et psychothérapie*, ouvrage collectif.
166. *Les Échos du silence*, de S. GERMAIN.
167. *Aimer désespérément*, M. de SOLEMNE avec A. COMTE-SPONVILLE, E. KLEIN, J-Y. LELOUP.
168. *Entre sagesse et passions*, ouvrage collectif dir. par ALAIN HOUZIAUX.
169. *Écologie et spiritualité*, ouvrage collectif.
170. *L'Évangile des païens, une lecture laïque de l'évangile de Luc*, d'O. VALLET.
171. *Simone Weil, le grand passage*, dir. par F. L'YVONNET.
172. *Histoires d'humour et de sagesse*, d'A. de MELLO.
173. *L'Avenir de l'homéopathie*, de C. BOIRON.

174. *Qu'Allah bénisse la France*, d'ABD AL MALIK.
175. *Soigner son âme*, de J. VIGNE.
176. *La Sagesse des contes*, d'A. JODOROWSKY.
177. *Innocence et culpabilité*, de M. de SOLEMNE, avec P. RICŒUR, S. ROUGIER, Ph. NAQUET et J.-Y LELOUP.
178. *Petite méthode pour interpréter soi-même ses rêves*, d'H. RENARD.
179. *Cheminer, contempler*, de M. JOURDAN et J. VIGNE.
180. *Le Visage du vent d'est*, de K. WHITE.
181. *Petit lexique des mots essentiels*, d'O. VALLET.
182. *Lettres sur la méditation*, de L. FREEMAN.
183. *Dix questions simples sur Dieu et la religion*, d'A. HOUZIAUX.
184. *Dix questions simples sur la vie*, d'A. HOUZIAUX.
185. *Les Nouveaux Penseurs de l'islam*, de R. BENZINE.
186. *Au dernier survivant*, du rabbin D. FARHI.
187. *Schizophrénie culturelle*, de D. SHAYEGAN.
188. *Apprendre à être heureux*, d'A. HOUZIAUX.
189. *Inventaire vagabond du bonheur*, de J. KELEN.
190. *Le Secret de l'Aigle*, de L. ANSA et H. GOUGAUD.
191. *Le Retour de l'enfant prodigue*, de H. NOUWEN.
192. *Mu. Le maître et les magiciennes*, d'A. JODOROWSKY
193. *Enquête au cœur de l'Être*, dir. par G.-E. HOURANT.
194. *La Conférence des oiseaux*, de J.-Cl. CARRIÈRE.
195. *Paroles d'Orient*, de M. de SMEDT.
196. *Les Mouvements du silence*, de G. MANZUR.
197. *Jésus, Marie Madeleine et l'Incarnation*, de J.-Y LELOUP.
198. *Juifs et chrétiens face au XXIe siècle*, coll. dir. par P. THIBAUD.
199. *La Force de l'amour*, de Sœur CHÂN KHONG.
200. *Simon le Mage*, de J.-Cl. CARRIÈRE.
201. *Œdipe intérieur. La présence du Verbe dans le mythe grec*, d'A. de SOUZENELLE.
202. *Saint François d'Assise ou la puissance de l'amour*, de S. ROUGIER.
203. *Dieu* versus *Darwin*, de J. ARNOULD.
204. *Sagesses pour aujourd'hui*, entretiens réalisés par Colette MESNAGE.

205. *Jésus, l'homme qui évangélisa Dieu*, de R. LUNEAU.
206. *Anthologie du chamanisme*, de J. NARBY et F. HUXLEY.
207. *La Roue de la médecine*, de SUN BEAR et WABUN.
208. *Moine zen en Occident*, de R. RECH et B. SOLT.
209. *Enquête sur la réincarnation*, dir. par. P. VAN EERSEL.
210. *Une femme innombrable, le roman de Marie Madeleine*, de J.-Y. LELOUP.
211. *Sœur Emmanuelle, la chiffonnière du ciel*, de Sœur SARA et G. COLLARD.
212. *S'ouvrir à la compassion*, collectif dir. par L. BASSET.
213. *Le Livre du vide médian*, de F. CHENG.
214. *Préceptes de vie de l'Abbé Pierre*, d'A. NOVARINO.
215. *Préceptes de paix des Prix Nobel*, de B. BAUDOUIN.

Composition Nord Compo
Impression CPI Bussière en octobre 2009
à Saint-Amand-Montrond (Cher)
Éditions Albin Michel
22, rue Huyghens, 75014 Paris
www.albin-michel.fr
ISBN 978-2-226-19135-9
ISSN 1147-3762
N° d'édition : 26024. – N° d'impression : 092811/1.
Dépôt légal : novembre 2009.
Imprimé en France.